旗のパターン

旗には、いろいろなパターンが 形を集めてみました。ほとんど ターンのどれかに当てはまります

横二分割旗

縦二分割旗

横三分割旗

縦三分割旗

十字旗

スカンジナビア十字旗

X十字旗

横T字旗

がくぶち旗

山型旗

四分割旗

カントン旗

放射分割旗

ななめ帯旗

三角旗

円形旗

世界の国々を調べよう！

世界の国旗大図鑑
（せかいのこっき）

監修：松田博康（元玉川大学客員教授）

アジア

小峰書店

もくじ

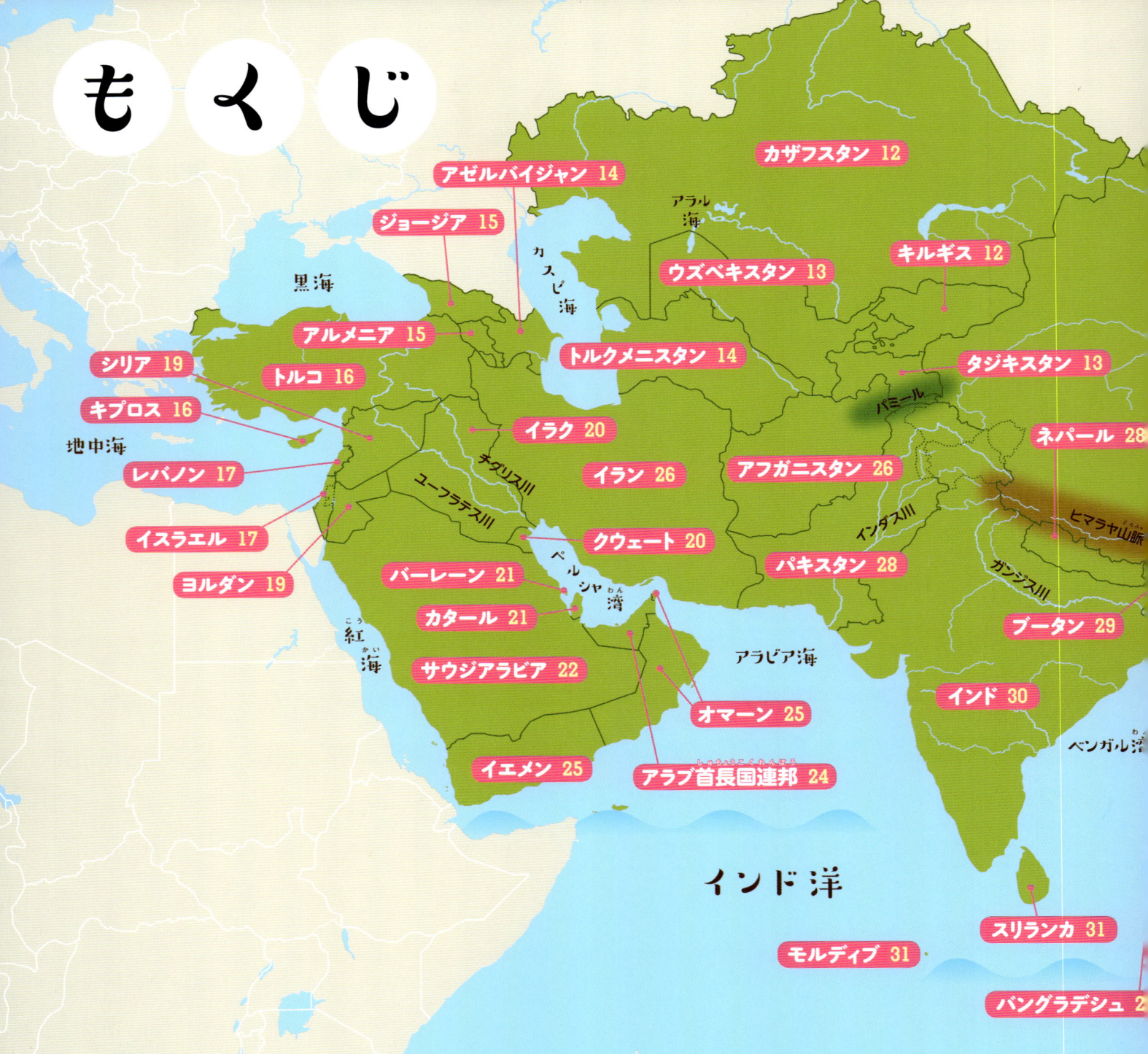

アジアの国旗一覧 …… 40	国旗くらべ
用語集 …… 41	1 台湾とパレスチナ自治区 …… 11
アジアさくいん …… 44	2 イスラム教の三日月と星、緑色 …… 18
全巻さくいん …… 45	3 白・黒・緑・赤は「アラブの色」 …… 27
	4 「ニックネーム」がある国旗 …… 39

自然・環境　日本と同じように四季のある国

韓国は日本と近いため、気候も似ていて、日本と同じように春夏秋冬の四季があります。しかし、シベリアからの風の影響で、冬の寒さは日本よりもきびしくなります。

▶ チェジュ島は、自然の残る美しい島で、世界遺産にも登録されている。石でできたかわいらしい守り神・トルハルバンが島のあちこちでみられる。
▶ プサンにあるカムチョンドンという集落の、山はだに沿って階段状にたくさんの家屋が立ち並ぶ風景は「韓国のマチュピチュ」といわれ人気がある。
▶ きびしい冬は、オンドルという韓国独特の床暖房で寒さを乗りきる。

▲村の入り口に置かれ、道しるべの役割もあったトルハルバン。その姿は村ごとに異なる。

文化・歴史　伝統を重んじる儒教の国

韓国の人は、親などの年長者や位の高い人を敬い、伝統をとても大切にしています。これは、儒教という教えが根づいているためです。韓国の社会・文化は、この儒教の教えによってなりたっています。

▶ 結婚式やお葬式、正月、お盆などは伝統的な儒教のしきたりに則っておこなわれる。家族や親戚の付き合いを大切にしており、集まることも多い。
▶ 結婚式やお祝いなど、特別な日には女性は「チマ・チョゴリ」、男性は「パジ・チョゴリ」という韓服を着る。
▶ とても教育熱心な国で、大学や専門学校への進学率は高い。大学の入試は、日本以上にきびしいといわれる。一方で、少子化も進んでいる。
▶ 韓国のり、チゲ、チヂミ、ビビンバなど、韓国料理は日本でも人気が高い。漬け物のキムチは、つくり方が受けつがれ、家庭ごとの味がある。
▶ ソウルにあるミョンドンは、韓国一の繁華街。近くには、600年続く伝統的な市場「南大門市場」もあり、たくさんの観光客が訪れる。
▶ 韓国の国技は、1500年前から朝鮮半島に伝わる格闘技のテコンドー。オリンピックの正式競技にもなっている。野球やサッカーなどもさかんで、国際的な大会などでは国を挙げて応援する。
▶ 1988年、ソウルで夏季オリンピックがおこなわれ、2018年にはピョンチャンで冬季オリンピックがおこなわれた。

▶民族衣装の韓服。「チョゴリ」は上着、「チマ」と「パジ」は、それぞれスカートとズボンのことをさす。

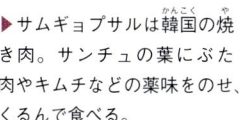
▶サムギョプサルは韓国の焼き肉。サンチュの葉にぶた肉やキムチなどの薬味をのせ、くるんで食べる。

◀飛び蹴りで板を割るテコンドー選手。かかと落としや後ろ回し蹴りなどの足技が特徴的。

世界遺産　自然遺産 1件　文化遺産 11件　複合遺産 0件

日本との関係

● 昔から日本との関わりがとても深い国。仏教も百済（4～7世紀に朝鮮半島にあった国）より伝わった。
● 1965年の日韓国交正常化当時の人の往来は1年で約1万人ほどだったが、今では500万人以上が行き来しており、25の空港からソウルへ定期便が飛んでいる。
● 2002年にサッカーワールドカップが日韓共催でおこなわれた。
● 韓国ドラマや韓流スター、K-POPなどのファンは日本にも多い。
● 2015年末、従軍慰安婦問題が決着。

父母兄妹など、4つで調和を保っているものを表します。

モンゴル

モンゴル国
Mongolia ／ MGL

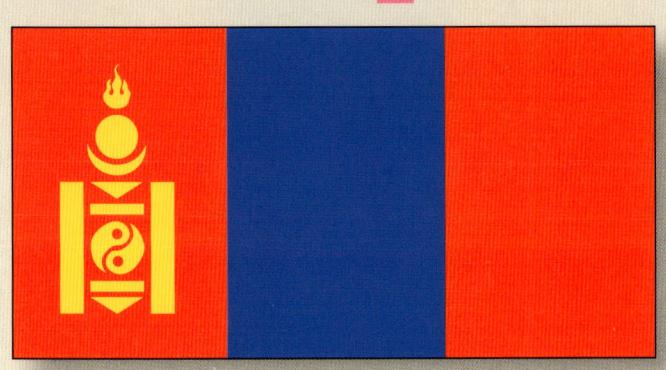

- 首都／ウランバートル
- 人口／約284万人
- 面積／約156.4万km²（日本の約4倍）
- おもな住民／モンゴル人など
- おもな言語／モンゴル語（公用語）
- おもな宗教／チベット仏教
- 通貨／トグログ

現国旗制定年／1992年　比率／1：2

　黄色いマークは「ソヨンボ」という国の伝統的なシンボルで、自由と力を表します。また、上から、炎は繁栄、太陽と三日月は宇宙と永遠、三角形は弓矢ややりで敵を倒す意志など、ソヨンボのそれぞれの部分にも意味があります。赤は正義、青はモンゴルの空、黄は友情を表します。

広々とした大草原と砂漠の広がる国

特色
▶牧畜（羊・馬）や、毛織物のカシミア・革など畜産品の加工がさかん。▶金・銅・鉄など鉱物資源も豊か。▶遊牧民は、家畜とともに移動しながら、ゲルというテントで暮らしている。▶伝統的な楽器に馬頭琴、独特な歌い方をするモンゴル民族の音楽にホーミーがある。

 日本との関係
●鎌倉時代、モンゴル（元）の襲来を受けた。●日本の相撲界では、朝青龍や白鵬、鶴竜など、モンゴル出身の横綱がうまれた。

北朝鮮

朝鮮民主主義人民共和国
Democratic People's Republic of Korea ／ PRK

- 首都／ピョンヤン
- 人口／約2490万人
- 面積／約12.1万km²（日本の3分の1ほど）
- おもな住民／朝鮮民族
- おもな言語／朝鮮語
- おもな宗教／キリスト教、仏教
- 通貨／ウォン

現国旗制定年／1948年　比率／1：2

　赤い星は社会主義、白い円は陰陽という中国から伝わった考え方を表します。青・白・赤は朝鮮の伝統色で、青は平和への願い、白は朝鮮民族、赤は社会主義を実現するための戦いで流された国民の血を表します。円が左側に寄っているのは、かかげるときに勢いを出すためです。

独自の政治を続ける国

 **特色**
▶社会主義の国。他国との交流を制限し、金日成、金正日、金正恩総書記が3代にわたり独自の政治をおこなっている。▶スポーツでは、1996年のアトランタオリンピックで金をとった女子柔道のケー・スンヒ、2015年東アジアカップで優勝した女子サッカーなどが有名。

 日本との関係
●日本との間に国交はない。●日本との間には、国際的な問題や拉致問題など、未解決の問題も多い。

国旗くらべ 1

台湾とパレスチナ自治区

世界には、台湾やパレスチナ自治区などのように、歴史的な理由から国として認められていない地域があります。しかし、このような地域にも、旗があります。

台湾

第二次世界大戦まで日本の領土とされていた台湾は、戦後中国に返還されました。当時の中国は、中華民国という国でした。

しかし、直後に中国国内で起こった内戦に敗れ、大陸を追われた中華民国の政府の人たちが台湾の地に政府をつくりました。

中国は「台湾は中華人民共和国の一部」ととらえており、統一に向けての話し合いが進められています。

中華民国建国のきっかけとなる1911年の革命を指導した孫文が考えたとされています。台湾の旗として制定されたのは1928年です。

パレスチナ自治区

パレスチナは、ユダヤ人とアラブ人(パレスチナ人)がおたがいに故郷の地と考える土地です。そのため、この地をめぐって、両者の争いがずっと続いています。

ユダヤ人が建国したイスラエルは、現在国として認められていますが、もとからパレスチナに住んでいたアラブ人(パレスチナ人)は国家をつくることができず、おもにパレスチナ**自治区**とよばれるヨルダン川西岸とガザ地区に自治政府を置いています。

旗の色には「アラブの色」(27ページ)の4色が使われています。1988年にパレスチナの旗として制定されました。

11

カザフスタン

カザフスタン共和国
Republic of Kazakhstan ／ KAZ

- ▶首都／アスタナ
- ▶人口／約1644万人
- ▶面積／約272.5万km²（日本の約7倍）
- ▶おもな住民／カザフ人、ロシア系など
- ▶おもな言語／カザフ語（国語）、ロシア語（公用語）
- ▶おもな宗教／イスラム教
- ▶通貨／テンゲ

現国旗制定年／1992年　比率／1：2

　真ん中にえがかれているのは太陽とワシです。太陽は高い理想を、民族の誇りのシンボルであるワシが飛ぶ姿は自由を表します。左側の模様は伝統的なカザフ文様で、民族衣装などにも使われています。青は遊牧民の伝統色で、すんだ青空や平和や幸福、黄色は希望を表します。

さまざまな鉱産資源にめぐまれた資源大国

▶鉱業がさかん。ウラン埋蔵量世界第1位、クロム第1位。石油や天然ガスも豊富。▶小麦の栽培や牛の牧畜などもおこなわれる。▶100以上の民族が共存する多民族、多宗教国家。▶「南の首都」ともよばれるアルマトイは昔、東西の交易路**シルクロード**の要所として栄えた。

●首都がアルマトイからアスタナに移ったとき、日本を代表する建築家であった黒川紀章さんが新しい首都アスタナの都市の設計をした。

キルギス

キルギス共和国
Kyrgyz Republic ／ KGZ

- ▶首都／ビシュケク
- ▶人口／約555万人
- ▶面積／約20万km²（日本の2分の1ほど）
- ▶おもな住民／キルギス人など
- ▶おもな言語／キルギス語（国語）、ロシア語（公用語）
- ▶おもな宗教／イスラム教
- ▶通貨／ソム

現国旗制定年／1992年　比率／3：5

　真ん中にかがやくのは永遠を表す太陽です。そこから放たれる光は、国の部族の数で、40本あります。太陽の中心は移動式テントのユルトの天井になっていて、長い間遊牧で生活をしてきたキルギス人の歴史を表しています。赤は部族を統一した伝説上の英雄、マナスの色です。

山あいの、遊牧民の血を受けつぐ人々の国

▶国土の4割が標高3000mをこえる山国。1500m以上の山は9割をしめる。▶綿花・たばこ・小麦などのかんがい農業と、牛や羊の牧畜、金の採掘などの鉱業がおもな産業。▶北東部にあるイシク・クル湖は「中央アジアの真珠」といわれ、外国人観光客に人気。

●日本は主要援助国の第4位。●日本は機械や自動車などの輸送用機器を輸出している。

タジキスタン

タジキスタン共和国
Republic of Tajikistan ／ TJK

- ▶首都／ドゥシャンベ
- ▶人口／約821万人
- ▶面積／約14.3万km²（日本の半分よりやや小さい）
- ▶おもな住民／タジク人
- ▶おもな言語／タジク語（公用語）
- ▶おもな宗教／イスラム教
- ▶通貨／ソモニ

現国旗制定年／1992年　比率／1：2

真ん中の王冠は国民、王冠の上にかがやく星は国民の協調を表しています。ペルシャ語で冠を表す「タージ」は国名の語源です。赤はソ連からの独立を達成した国の力を表します。農業がさかんな国なので、白は特産である綿花、緑はそのほかの農産物を表しています。

国の大部分が「世界の屋根」パミール

▶国土の大部分が7000m級の山々が連なる「パミール*」という地域で、世界一標高が高い。▶農業（綿花の栽培、牧畜）や綿織物工業がさかん。ワインや絨毯の産地でもある。▶西部ペンジケントには、**シルクロード**の交易商人として活躍したソグド人の古代遺跡が残る。

●日本はタジキスタンの学校を改修したり、いすや机などを提供したりすることで、教育環境の改善に協力している。

ウズベキスタン

ウズベキスタン共和国
Republic of Uzbekistan ／ UZB

- ▶首都／タシケント
- ▶人口／約2893万人
- ▶面積／約44.7万km²（日本の1.2倍ほど）
- ▶おもな住民／ウズベク人
- ▶おもな言語／ウズベク語（公用語）
- ▶おもな宗教／イスラム教
- ▶通貨／スム

現国旗制定年／1991年　比率／1：2

三日月と星は国民が信仰している**イスラム教**のシンボルですが、それぞれ月は独立、星は1年が12か月であるということと、星うらいでおなじみの12星座も表しています。青は大切な水、白は平和、緑は産業をささえる自然、赤い線は独立を達成した国民の生命力を表します。

「青の都」サマルカンドの美しさは天下一品

▶おもな産業は鉱業（金・ウラン・石油・天然ガス）と農業（綿花・小麦・大麦・果樹・とうもろこし）。▶綿花栽培で大量の水を使うため、アラル海が縮小。水不足が問題になっている。▶かつての**シルクロード**のオアシス都市サマルカンドは、世界遺産にも登録されている。

●首都のタシケントなどの大学では、日本に関心をもち、日本語を学ぶ人が増えている。**JICA**も現地で日本語を教えている。

*これまでは「パミール高原」とよばれていましたが、最近は現地の地形から「高原」ではないとする考え方が広まってきています。

トルクメニスタン

トルクメニスタン
Turkmenistan ／ TKM

- ▶首都／アシガバット
- ▶人口／約524万人
- ▶面積／約48.8万km²（日本の1.3倍ほど）
- ▶おもな住民／トルクメン人
- ▶おもな言語／トルクメン語（公用語）
- ▶おもな宗教／イスラム教
- ▶通貨／マナト

現国旗制定年／2001年　比率／2：3

　左側の模様は、5つの部族に伝わる「グル」という絨毯の模様です。その下は平和のシンボルであるオリーブの枝で、国が永世中立国であることを表します。三日月と星、緑は**イスラム教**のあかしですが、それぞれ月は明るい未来、星は5つの州も表しています。

天然資源にめぐまれたカラクム砂漠の国

- ▶産業は、石油・天然ガスなどの鉱業、大規模なかんがいによる綿花栽培など。▶シルクロードの遺跡や、カラクム砂漠のダルヴァザにある「地獄の門」（40年以上燃え続ける天然ガスのクレーター）が有名。
- ▶伝統産業に、独創的な模様のトルクメン絨毯がある。

- ●トルクメニスタン国内では、故障せずよく走るという理由から、トヨタの中古車の人気が高く、町中でよくみられる。

アゼルバイジャン

アゼルバイジャン共和国
Republic of Azerbaijan ／ AZE

- ▶首都／バクー
- ▶人口／約941万人
- ▶面積／約8.7万km²（北海道よりやや大きい）
- ▶おもな住民／アゼルバイジャン人
- ▶おもな言語／アゼルバイジャン語（公用語）
- ▶おもな宗教／イスラム教
- ▶通貨／マナト

現国旗制定年／1991年　比率／1：2

　真ん中の三日月と星は**イスラム教**のシンボルです。星は八角星になっていて、8つの民族を表しています。青は国の伝統色で空と海、緑はさかんな農業を表します。赤はさまざまな国の支配を乗りこえて達成した独立を守る決意を表しています。

油田による経済成長のいちじるしい国

- ▶石油（バクー油田・カスピ海油田）や天然ガスなど、豊富な天然資源をもつ。▶ワインやキャビアの産地としても知られる。▶無形文化遺産に登録されている絨毯や織物のキリム、絹製品でも有名。▶**コーカサス3国**でただ一つのイスラム教の国。

- ●日本は主要援助国第1位。教育や医療分野への協力などをおこなう。
- ●カスピ海油田の開発事業に、日本の企業も参加している。

ジョージア

ジョージア
Georgia ／ GEO

- ▶首都／トビリシ
- ▶人口／約 434 万人
- ▶面積／約 7.0 万km²（北海道よりやや小さい）
- ▶おもな住民／ジョージア人
- ▶おもな言語／ジョージア語（公用語）
- ▶おもな宗教／キリスト教
- ▶通貨／ラリ

現国旗制定年／2004年　比率／2：3

　キリスト教を表す赤い十字を組み合わせた国旗で、イスラム教徒から領土を取りもどすために戦ったキリスト教徒の軍隊「十字軍」のシンボルに由来します。大きな十字は、国を守ってくれると信じられている「聖ジョージ」という聖人の血を表しています。

カスピ海ヨーグルトをうんだ世界でも有数の長寿国

▶おもな産業は農業（かんきつ類・ぶどう、牧畜）、鉱業など。▶ワインづくりは 1 万年も前からおこなわれている。▶ワインや野菜、乳製品を多くとる食生活から、100歳をこえるお年寄りも多い。

●栃ノ心、臥牙丸など、ジョージア出身の力士が日本の相撲界で活躍している。●カスピ海ヨーグルトは、日本の長寿食文化の研究者によって、この国から持ちこまれ、日本に広まった。

アルメニア

アルメニア共和国
Republic of Armenia ／ ARM

- ▶首都／エレバン
- ▶人口／約 298 万人
- ▶面積／約 3.0 万km²（九州よりやや小さい）
- ▶おもな住民／アルメニア人
- ▶おもな言語／アルメニア語（公用語）
- ▶おもな宗教／キリスト教
- ▶通貨／ドラム

現国旗制定年／1990年　比率／1：2

　赤はロシアから独立するための戦いで流された国民の血、青は国の伝統色で国土、オレンジは国民の勇気と労働を表しています。神様がアルメニア人の祖先に、虹色の旗をあたえたという伝説があり、3色はその虹色の中から選んだ色ともいわれています。

アララト山のふもとに広がる高原の国

▶301年に世界で初めてキリスト教を国教とした国。▶ぶどうの生産や、輸入したダイヤモンドの加工業などがさかん。▶ぶどうからつくられるコニャックは世界最高品質といわれる。▶ノアの方舟伝説の残るアララト山はアルメニア人の心のふるさとともいわれている。

●日本は建設用・鉱山用機械、電気機器などを輸出。●1991年のソ連解体後の国づくりなど、さまざまな支援もおこなっている。

＊ソ連は解体後、ロシアと14の共和国に分かれました。

トルコ

トルコ共和国
Republic of Turkey ／ TUR

- 首都／アンカラ
- 人口／約7493万人
- 面積／約78.4万km²（日本の約2倍）
- おもな住民／トルコ人
- おもな言語／トルコ語（公用語）
- おもな宗教／イスラム教
- 通貨／トルコ・リラ

現国旗制定年／1936年　比率／2：3

　月と星は、もともと古くから栄えていたイスタンブールのシンボルでした。その後、この地をオスマン帝国が支配したときにシンボルを国旗に取り入れ、トルコになってからも使われています。赤は勇気を表す民族色です。世界でもっとも古い起源をもつ旗の一つといわれています。

昔も今もアジアとヨーロッパの架け橋的存在

▶伝統的産業は農業（麦・ぶどう・オリーブ、牧畜など）。▶さくらんぼとヘーゼルナッツの生産量は世界第1位(2014年)。▶イスタンブールや、地下都市のカッパドキアなど、観光名所がたくさんある。

●親日国家。1890年、和歌山県の海で遭難したトルコの軍艦エルトゥールル号を日本人が必死に救出したという出来事以来、トルコは親日国になったというエピソードがある。

キプロス

キプロス共和国
Republic of Cyprus ／ CYP

- 首都／ニコシア
- 人口／約114万人
- 面積／9251km²（四国の半分ほど）
- おもな住民／ギリシャ系、トルコ系
- おもな言語／ギリシャ語、トルコ語（どちらも公用語）
- おもな宗教／キリスト教、イスラム教
- 通貨／ユーロ

現国旗制定年／2006年　比率／2：3

　真ん中にキプロス島がそのままえがかれています。黄金色は重要な資源だった銅を、下にある緑のオリーブの枝は平和を表しています。ギリシャ系の国民とトルコ系の国民両方のことを考えて、ギリシャの民族色の青でも、トルコの民族色の赤でもない、白が使われています。

おだやかな気候と美しい海岸をもつ地中海の島国

▶長い歴史をもち、クリオン遺跡など多くの遺跡があることから、観光業がさかん。▶古都パフォスは、ギリシャ神話に登場する美の女神、アフロディテ（ビーナス）がうまれたところといわれている。▶古くからワインづくりがさかん。ワイン発祥地の一つという説もある。

●2011年の東日本大震災のとき、日本はキプロス政府より5万ユーロの寄付を受けた。

レバノン

レバノン共和国
Republic of Lebanon ／ LIB

▶首都／ベイルート
▶人口／約482万人
▶面積／約1万km²（岐阜県と同じぐらい）
▶おもな住民／アラブ人
▶おもな言語／アラビア語（公用語）
▶おもな宗教／キリスト教、イスラム教
▶通貨／レバノン・ポンド
現国旗制定年／1943年　比率／2：3

　真ん中の木はこの国のシンボルであるレバノン杉で、富と力を表します。昔はこの地方に多く生えており、神殿や船の材料として、各地で使われました。赤は国民の勇気、白は国の平和を表しています。白を意味する「レバン」は国の古い言葉で、国名の語源になっています。

古くから中継貿易で栄えた歴史ある国

▶1970年～1990年に起きた内戦によって、国の機能がほとんど失われた。内戦が終わってからは、経済復興が進められている。今も宗教紛争が激しく、国内の情勢が安定しない。▶現在は銀行や不動産などの金融業がさかん。▶観光業など、サービス産業の割合が高い。

●日本は自動車や電気製品などを輸出しており、レバノン国内では多くの日本製の製品が流通している。

イスラエル

イスラエル国
State of Israel ／ ISR

▶首都／エルサレム※日本をふくめ国際的には認められていない。
▶人口／約773万人
▶面積／約2.2万km²（四国と同じぐらい）
▶おもな住民／ユダヤ人、アラブ系
▶おもな言語／ヘブライ語、アラビア語（どちらも公用語）
▶おもな宗教／ユダヤ教、イスラム教など
▶通貨／新シェケル
現国旗制定年／1948年　比率／8：11

　真ん中の六角星は「ダビデの星」とよばれるユダヤ教のシンボルです。青と白はユダヤ教徒がお祈りをするときに身につけるタリートという肩かけの色です。青はユダヤ人の心のふるさとであるパレスチナの空を、白はパレスチナに居場所を求めたユダヤ人の純粋な心を表します。

パレスチナにつくられたユダヤ人国家

▶ユダヤ人が治める国だが、一部パレスチナに住むアラブ人の治める自治政府がある。▶技術大国として知られ、ハイテク産業が経済をささえる。▶3つの宗教(ユダヤ教・キリスト教・**イスラム教**)の聖地・エルサレムをめぐっては、ユダヤ人とアラブ人の対立が続いている。

●2014年にベンヤミン・ネタニヤフ首相が来日したのをきっかけに、関係を深めつつある。

国旗くらべ 2

イスラム教の三日月と星、緑色

三日月と星、緑色はイスラム教のシンボルです。その誕生には、イスラム教が生まれた西アジアの自然環境が大きく影響していると考えられています。シンボルが使われている国旗を、みてみましょう。

砂漠のきびしい自然から生まれたシンボル

イスラム教が生まれた西アジアは、砂漠が広がる暑さのきびしい地域です。そのため、暑さがやわらぐ夜を思わせる月や、オアシスにしげるみずみずしい植物を思わせる緑色は、人々にとって、特別な意味をもつものだったと考えられています。

三日月と星
トルコ

三日月と星のマークが広まったきっかけは、トルコの国旗にあります。マークは、トルコがオスマン帝国という強大なイスラム教の国だった時代から使われており、ほかのイスラム教の国々が、その旗を手本にしたといわれています。

緑色
サウジアラビア

植物を思わせる緑色は、イスラムの神がすむ楽園を表す神聖な色として、昔から大切にされてきました。そのため、イスラム教の聖典であるコーランや礼拝堂であるモスクの屋根、イスラム教の国の国旗などに、緑色がよく使われています。

シンボルが使われているおもな国旗

シンボルが使われているアジアの国々の国旗を集めました。すべてイスラム教の国です。

アゼルバイジャン

ウズベキスタン

シンガポール

トルクメニスタン

パキスタン

バングラデシュ

マレーシア

モルディブ

ヨルダン

ヨルダン・ハシェミット王国
Hashemite Kingdom of Jordan ／ JOR

- 首都／アンマン
- 人口／約727万人
- 面積／約8.9万km²（日本の4分の1ほど）
- おもな住民／アラブ人、パレスチナ系
- おもな言語／アラビア語（公用語）
- おもな宗教／イスラム教
- 通貨／ヨルダン・ディナール

現国旗制定年／1928年　比率／1：2

赤・黒・白・緑はアラブの色です。三角形はイスラム教徒の革命、星は**イスラム教**の聖典・コーランのいちばん重要な一節「アッラーのほかに神はなく、ムハンマドはアッラーの使徒なり」を表します。星の角が7つなのはこの一節がアラビア語で7つの語句からなるためです。

イスラエルとの国境にある死海が有名

特色

▶首都アンマンやヨルダン川は、聖書に登場するほどの歴史をもつ。▶もっとも重要な輸出品目はリン鉱石。世界有数の埋蔵量。▶湖の塩分濃度がおどろくほど高い死海が人気。▶世界遺産のペトラ遺跡も観光名所。映画『インディ・ジョーンズ／最後の聖戦』の舞台となった。

日本との関係

●アブドッラー国王は親日家で、来日回数は10回以上。●アニメ、マンガ、日本食などといった日本の文化への興味関心が高まっている。

シリア

シリア・アラブ共和国
Syrian Arab Republic ／ SYR

- 首都／ダマスカス
- 人口／約2190万人
- 面積／約18.5万km²（日本の半分ほど）
- おもな住民／アラブ人
- おもな言語／アラビア語（公用語）
- おもな宗教／イスラム教
- 通貨／シリア・ポンド

現国旗制定年／1980年　比率／2：3

2つの緑の星は、エジプトと1つの国*になったときに、両国を表すものとして取り入れられましたが、分かれた今は、美しいアラブの大地とアラブ統一を願う気持ちを表しています。緑・赤・白・黒はアラブの色で、赤は自由への戦い、白は平和、黒は暗い植民地時代を表します。

最古の都市ともいわれるダマスカスを首都とする国

特色

▶おもな産業は石油の生産、国内産の綿花を原料とした綿織物工業、食品加工業など。▶2011年に始まった内戦以降、大量のシリア人が**難民**として国外に流出。世界的な問題となっている。

日本との関係

●多くのシリア人が、難民として認めてくれるよう日本政府に申請しているが、2016年の時点で認定されたのは7人。●シリア国内避難民や周辺国の難民に対して医療・生活物資などを提供し支援をしている。

*1958～1961年の間、シリアとエジプトはアラブ連合共和国という1つの国でした。

イラク

イラク共和国
Republic of Iraq ／ IRQ

- ▶首都／バグダッド
- ▶人口／約3377万人
- ▶面積／約43.5万km²（日本の1.2倍ほど）
- ▶おもな住民／アラブ人、クルド人
- ▶おもな言語／アラビア語、クルド語（どちらも公用語）
- ▶おもな宗教／イスラム教
- ▶通貨／イラク・ディナール

現国旗制定年／2008年　比率／2：3

　真ん中はイスラム教徒へ祈りをよびかける「神は偉大なり」というアラビア語の言葉です。大切な言葉なので、2枚の布をはり合わせ、裏からも文字が正しく読めるようになっています。4色はアラブの色ですが、赤は勇気、白は心の広さ、黒はイスラム教の伝統という意味もあります。

世界最古の文明・メソポタミア文明のうまれた地

▶ティグリス・ユーフラテス川流域で、暦や占星術をうんだメソポタミア文明が起こった。▶石油資源が豊富。埋蔵量は世界第4位(2016年)で、収入の8割は石油によるもの。▶1991年の湾岸戦争後、治安が一気に悪くなり、不安定な情勢が続く。

●2003年にフセイン政権が倒れた後、日本の自衛隊がサマワに派遣され、人道復興支援として給水や道路の補修をおこなった。

クウェート

クウェート国
State of Kuwait ／ KUW

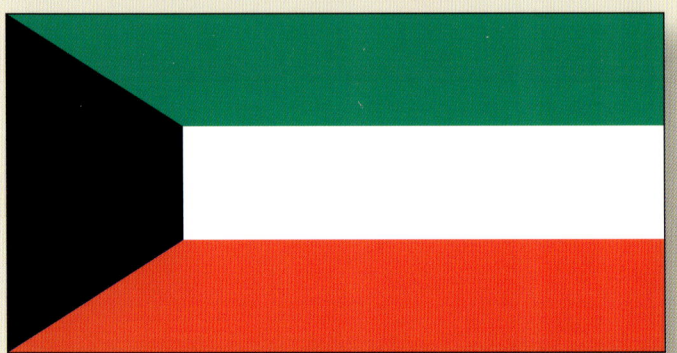

- ▶首都／クウェート
- ▶人口／約337万人
- ▶面積／約1.8万km²（四国とほぼ同じ）
- ▶おもな住民／アラブ系
- ▶おもな言語／アラビア語（公用語）
- ▶おもな宗教／イスラム教
- ▶通貨／クウェート・ディナール

現国旗制定年／1961年　比率／1：2

　緑・白・赤・黒の4色はアラブの色です。そのほかにも意味があり、それぞれ、緑はアラブの土地や繁栄、白は戦士の誠実さや高貴さ、赤は正義の戦いで流された血や勇気、黒は国土を守る戦いや馬に乗ったクウェートの戦士が巻き上げる砂ぼこりを表しています。

世界有数の石油の産出国

▶国土の大半が砂漠で、夏の日中には気温が50℃を上回ることもある。▶原油確認埋蔵量が世界第9位(2016年)。▶石油の収入のおかげで、国民の生活水準はとても高い。医療費や教育費は無料。

●日本は自動車・鉄鋼などを輸出、石油・天然ガスを輸入している。
●クウェートは東日本大震災のとき、500万バレル(約400億円相当)の石油を無料で提供し、被災地で復興支援事業をおこなった。

バーレーン

バーレーン王国
Kingdom of Bahrain ／ BRN

▶首都／マナーマ ▶人口／約133万人
▶面積／767km²（東京23区と川崎市をあわせた面積とほぼ同じ）
▶おもな住民／アラブ人
▶おもな言語／アラビア語
▶おもな宗教／イスラム教
▶通貨／バーレーン・ディナール
現国旗制定年／2002年 比率／3：5

5つの白いギザギザの先はイスラム教徒の実行すべき5つの義務（**イスラム教**を信じていると口に出す・聖地メッカに向かって祈る・貧しい人を救うための税を納める・1か月間日中に食べ物を口にしない・メッカへ行く）を表しています。白は誠実さと気高さ、赤は自由を表します。

ペルシャ湾にうかぶ小さな島国

▶おもな産業は石油の精製や石油化学工業。▶多くのイスラム系の金融の国際機関が拠点を置き、中東の金融センターとしての役割もはたす。▶女性の参政権を認めたペルシャ湾岸諸国初の国でもある。

●2012年は日本とバーレーンの間に外交関係がうまれて40周年。ハマド国王が来日した。●日本は自動車や家電などの工業製品を輸出、おもに石油製品やアルミニウムを輸入している。

カタール

カタール国
State of Qatar ／ QAT

▶首都／ドーハ ▶人口／約217万人
▶面積／約1.2万km²（秋田県よりもやや小さい）
▶おもな住民／アラブ人、インド人、パキスタン人など
▶おもな言語／アラビア語（公用語）
▶おもな宗教／イスラム教
▶通貨／カタール・リヤル
現国旗制定年／1971年 比率／11：28

世界の国旗でいちばん横に長い国旗です。白いギザギザの先は、イギリスから独立したときにあった9つの地域を表すといわれています。えび茶色の部分はもともと赤でしたが、変色しやすかったため今の色に変えました。えび茶色は戦争で流された血、白は平和を表します。

中東でもっとも裕福な国の一つ

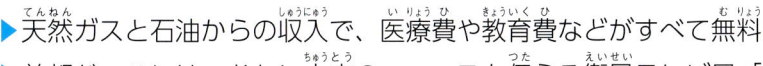

▶天然ガスと石油からの収入で、医療費や教育費などがすべて無料。▶首都ドーハには、おもに中東のニュースを伝える衛星テレビ局「アルジャジーラ」がある。▶2022年に、中東初となるサッカーのワールドカップの開催が予定されている。

●アラブ諸国の中で、とくに親日的な国として知られる。●日本は天然ガスや石油を大量に輸入。輸出相手国として第1位(2015年)。

21

サウジアラビア

サウジアラビア王国
Kingdom of Saudi Arabia ／ KSA

- 首都／リヤド
- 人口／約2883万人
- 面積／約220.7万km²（日本の5.7倍ほど）
- おもな住民／アラブ人
- おもな言語／アラビア語（公用語）
- おもな宗教／イスラム教
- 通貨／サウジアラビア・リヤル

現国旗制定年／1980年
比率／2：3

イスラム教の聖典であるコーランの一節「アッラーのほかに神はなく、ムハンマドはアッラーの使徒なり」がアラビア語で記されています。その下の剣はイスラム教の力と、イスラム教徒が聖地であるメッカに守られていることを表します。緑はイスラム教のシンボルカラーです。表と裏のどちらからでも文字が正しく読めるように、2枚の布をはり合わせたつくりになっています。

どんな国？
アラビア半島のほとんどをしめる国で、アラブ諸国を導くリーダーのような存在です。夏と冬の気温の差が大きく、夏の日中は40℃をこえ、冬は0℃以下になり、雪が降る地域もあります。もともとは砂漠を移動しながら暮らす遊牧民の国だったので、人口の大半は遊牧民の子孫になります。

産業　石油資源が豊富なエネルギー大国

石油資源が豊富で、石油産業が国の産業の中心です。OPECの主要国であり、輸出もおよそ90％が石油に関連したものになります。近年は石油産業のほかに、観光業にも力を入れています。

- 石油の埋蔵量は世界第2位で360億トン、輸出量は世界第1位。天然ガスの埋蔵量は世界第4位(2016年)というエネルギー大国。
- 農産物は、小麦やとうもろこし、ナツメヤシ、らっかせいなど、乾燥した土地でも育つ作物が中心。とくにナツメヤシの生産量は多く、エジプト、イランに次いで世界第4位(2014年)。
- 小麦はくみあげた地下水を利用して生産量は増えたが、水がかれてしまうおそれが出てきたため、2016年までに生産を中止することになっている。
- 紅海に面したメッカ州やジーザーン州では、とり肉の生産や漁業が主要産業の一つ。ほかには、牛乳やチーズなどの酪農品の生産もさかん。
- 首都リヤドにある超高層ビルの「キングダムセンター」や「アルファイサリアタワー」が観光客を集めている。

▶砂漠のきびしい環境でも育つナツメヤシは「生命の木」といわれる。果実は栄養たっぷりで、日常的に食べられている。

▲リヤドにある高さが300mをこえるガラス張りの「キングダムセンター」。さらに、ジッダに1008mの「ジッダ・タワー」を建設中。

国旗こぼれ話　宗教的な意味が強い旗なので、縦にかかげてはいけません。アラビア文字は右から左に読むため、旗ざおが右

自然・環境　少ない水は貴重な資源

国土の大部分が砂漠で、雨がほとんど降らない乾燥帯のため、砂嵐や水不足が問題になっています。人口の増加や工業化が進んで水がますます必要になっており、さまざまな対策がとられています。

▶春先を中心に発生する砂嵐は猛烈で、発生するとあっという間に太陽の光がさえぎられ、真っ暗になる。大きいときは空港が閉鎖になるほど。
▶国内に大きな川や湖がないため、水がとても貴重。ガソリンの値段のほうが安く、水のほうが高いほどである。
▶海水を真水にかえる「海水淡水化装置」に大きくたよっており、世界でもっとも造水量が多い。つくられた水は、飲料や生活用、農業用、工業用として使われる。

▲サウジアラビアで使われている海水淡水化装置。写真の装置は全部で20台あり、海水から1日あたり47万トンの真水をつくっている。

文化・歴史　イスラム教の教えを大切にする国

イスラム教を国教とし、日常生活のすみずみにいたるまで、イスラム教の聖典である「コーラン」の教えに忠実に従っています。戒律がきびしく、娯楽が少ない国といわれています。

▶イスラム教徒は毎日5回、決まった時間に聖地メッカの方角に礼拝する。金曜日がイスラム教の休日なので、学校や役所も休みになる。
▶1年のうち1か月の間、日中に食べ物や飲み物を口にしない「ラマダン」という期間がある。ラマダンが明けると、祝いの祭りがおこなわれる。
▶メッカとメディナというイスラム教の二大聖地があり、毎年「巡礼月」（イスラム暦の12月）には世界中からたくさんのイスラム教徒が訪れる。
▶イスラム教の教えで、ぶた肉やお酒は禁止されている。食事は羊肉やとり肉を使った料理が多く、右手だけを使って食べる。
▶施設や行動に男女の区別があり、学校では男女別々に勉強をする。女性は家族以外のだれとも話をしてはいけないし、車の運転も禁じられている。
▶男性は白い「トーブ」、女性は黒い「アバヤ」という服を身につける。
▶ラクダは「砂漠の船」ともいわれ、人々にとってかけがえのない存在。
▶最近ではサッカーの人気が高まり、ワールドカップへ出場した経験もある。

世界遺産　自然遺産 **0**件　文化遺産 **4**件　複合遺産 **0**件

▲メッカにある、イスラム教の最高神殿である「カーバ神殿」。もう一つの聖地であるメディナには、「予言者のモスク」という重要な礼拝所がある。

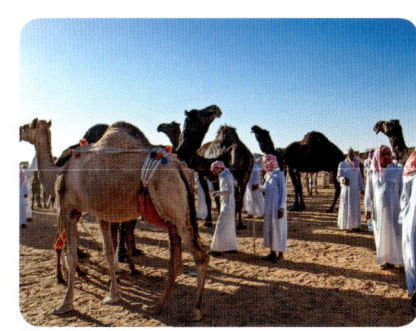

▲ラクダ市のようす。サウジアラビアの人々は移動のための乗り物としてラクダを利用するだけでなく、毛皮や肉、ミルクなどを得るためにも活用している。

日本との関係

● サウジアラビアと日本は、おたがいにとても重要な貿易相手国。輸出相手国として日本は中国に次いで2位、輸入相手国としては4位(2015年)。日本が輸入している石油のうち約36％はサウジアラビアからのもの(2016年)。

● 2007年4月より日本への留学生の派遣が始まった。2017年の時点で、400名以上の留学生が日本に留学中である。

● 娯楽の少ないサウジアラビアでは、食べること自体が楽しみの一つであり、日本食への興味も高まっている。

側にくるようにかかげます。剣の向きも表と裏で反対になります。

アラブ首長国連邦

アラブ首長国連邦
United Arab Emirates／UAE

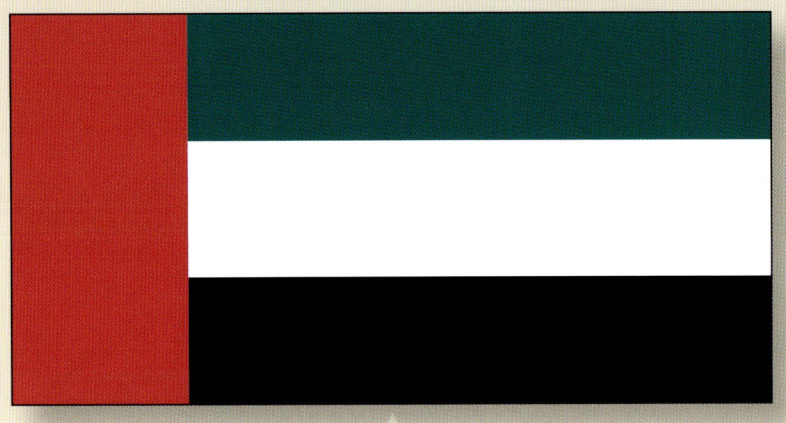

- ▶首都／アブダビ
- ▶人口／約935万人
- ▶面積／約8.4万km²（日本の4分の1ほど）
- ▶おもな住民／アラブ系
- ▶おもな言語／アラビア語（公用語）
- ▶おもな宗教／イスラム教
- ▶通貨／ディルハム

現国旗制定年／1971年
比率／1：2

赤・緑・白・黒の4色はアラブの色です。赤は統一する前の7つの首長国すべての国旗に組みこまれていた伝統的な色で、イギリスから独立するための戦いで流された国民の血を表します。緑は豊かな国土、白はイスラム教の教えに従った正しい生活、黒はこの国の経済をささえる石油を表しています。

 どんな国？

ペルシャ湾に面した砂漠の国で、7つの首長国からなる連邦国家です。石油を多く産出するアブダビと、経済の中心であるドバイが、おもに国家の経済発展をささえています。

 産業 — 豊富な石油資源が国の土台

▶ペルシャ湾岸で産出される石油は、中東ではサウジアラビア、イラン、イラクに次ぐ第4位の産出量。天然ガスも産出。▶石油から得られる収入を、学校や病院などの施設の建設にあてる。建設ラッシュのため、現場では、世界各国から集まった多くの外国人労働者が働く。▶石油以外の産業（工業・サービス業・農業）などにも力を入れつつある。

文化・歴史 — 油田開発により生活様式が近代化

▶1972年に、OPECに加盟。▶油田の開発で、世界でもトップクラスの裕福な国となったため、もとは遊牧生活を営んでいた国民の生活様式が近代化した。▶ドバイには、世界でいちばん高いビル「ブルジュ・ハリファ」や巨大なショッピングモール、豪華なホテルなどがあり、世界でも有数の観光都市である。

a-image/Shutterstock.com
▲首都アブダビにある世界最大級のモスク「シェイクザイードモスク」。外側も内側もとても豪華で美しく、たくさんの観光客が訪れる。

▲ドバイでは毎年、おおみそかに新年を祝って、花火が盛大にあげられる。年越しの雰囲気を楽しもうと、世界中から観光客が集まる。

日本との関係

●日本は自動車や家電を輸出、石油や天然ガスを輸入している。●日本は、石油産出以外の、新しい産業をおこそうとするアラブ首長国連邦の政策を最大限に支援している。●ドバイを旅行する日本人は年々増えている。2013年の日本人のドバイ宿泊客数は7万3292人で過去最高。

国旗こぼれ話 4色は13世紀の詩人サフィー・アル・ディーン・アル・ヒリーの詩でうたわれている色に由来するという説もあります。

オマーン

オマーン国
Sultanate of Oman ／ OMA

- ▶首都／マスカット
- ▶人口／約363万人
- ▶面積／約31.0万km²（日本よりやや小さい）
- ▶おもな住民／アラブ人
- ▶おもな言語／アラビア語（公用語）
- ▶おもな宗教／イスラム教
- ▶通貨／オマーン・リアル

現国旗制定年／1995年　比率／1：2

　左上の白いマークは、2本の長い刀と、ハンジャルという伝統的な短い刀、刀を腰に下げるためのベルトが組み合わされており、昔この国を治めていた王の権力を表しています。赤は独立を守るための戦い、白は国の発展と平和、緑は豊かな国土を表します。

アラビアの町並み広がる『シンドバッド』の原形の国

- ▶ほかのアラブ諸国よりも、伝統的なアラビア建築が多くみられる。
- ▶『アラビアンナイト』の船乗りシンドバッドが生まれた国。▶ナツメヤシの栽培がオアシスでおこなわれる。▶香水の原料とされる「乳香」の一大産地。スーク(市場)で売られるほか、輸出もされている。

- ●日本は輸出相手国・輸入相手国ともに第2位(2015年)。●日本は自動車や家電を輸出、石油や天然ガスを輸入している。

イエメン

イエメン共和国
Republic of Yemen ／ YEM

- ▶首都／サヌア
- ▶人口／約2441万人
- ▶面積／約52.8万km²（日本の1.5倍ほど）
- ▶おもな住民／アラブ人
- ▶おもな言語／アラビア語
- ▶おもな宗教／イスラム教
- ▶通貨／イエメン・リアル

現国旗制定年／1990年　比率／2：3

　赤は独立と統一のために流された血、白はかがやける未来、黒は過去の暗黒時代を表します。現在の赤、白、黒の横三色旗は、1958年にエジプトとシリアが合併してできたアラブ連合共和国の国旗がもとになっており、「アラブ統一」の理想を表しています。

古くはコーヒー豆の積み出し港だった「モカ」で有名

- ▶おもな産業は農業と漁業。コーヒー豆「モカ」が重要な輸出品目。
- ▶石油も輸出するが、ほかのアラブ諸国にくらべ産出量は少ない。
- ▶2011年以降、国内の治安が急に悪くなっている。▶レンガを積み上げた高層家屋がみられるサヌア旧市街は、世界遺産に登録されている。

- ●日本はイエメンから石油とコーヒー豆を輸入。●日本は主要援助国の第4位(2014年)。

イラン

イラン・イスラム共和国(きょうわこく)
Islamic Republic of Iran ／ IRI

- 首都／テヘラン
- 人口(じんこう)／約(やく)7745万人
- 面積(めんせき)／約(やく)162.9万km²（日本の4.4倍(ばい)ほど）
- おもな住民(じゅうみん)／ペルシャ人
- おもな言語(げんご)／ペルシャ語（公用語）
- おもな宗教(しゅうきょう)／イスラム教
- 通貨(つうか)／イラン・リアル

現国旗制定年(げんこっきせいていねん)／1980年　比率(ひりつ)／4：7

力を表す刀と進化を表す4つの三日月からなる真ん中のマークは、神の教えによる人間の成長(せいちょう)を表します。3色の境界(きょうかい)には「神は偉大なり」という言葉が11回ずつ計22回書かれ、イラン革命(かくめい)が起きたイラン暦(れき)11月22日を表します。緑は**イスラム教**、赤は愛国心(あいこくしん)を表す色です。

ペルシャとよばれた歴史(れきし)のある国

特色(とくしょく)
- ▶豊富(ほうふ)な埋蔵量(まいぞうりょう)をほこる石油と天然(てんねん)ガスが国をささえる。▶多様に変化する気候をいかし、さまざまな農作物を栽培(さいばい)。とくにピスタチオやサフランの生産(せいさん)がさかん。▶ペルセポリス神殿(しんでん)やイスファハンのイマーム広場が有名。▶ペルシャ絨毯(じゅうたん)は4000年の歴史(れきし)のある伝統工芸品(でんとうこうげいひん)。

日本との関係(かんけい)
- ●奈良(なら)の正倉院(しょうそういん)に収(おさ)められている「白瑠璃碗(はくるりわん)」は、ササン朝ペルシャの時代(3～7世紀(せいき))に**シルクロード**を通って持ちこまれたもの。

アフガニスタン

アフガニスタン・イスラム共和国(きょうわこく)
Islamic Republic of Afghanistan ／ AFG

- 首都／カブール　▶人口(じんこう)／約(やく)3055万人
- 面積(めんせき)／約(やく)65.3万km²（日本の1.7倍(ばい)ほど）
- おもな住民(じゅうみん)／パシュトゥーン人、タジク人
- おもな言語(げんご)／ダリー語、パシュトゥー語（どちらも公用語）
- おもな宗教(しゅうきょう)／イスラム教
- 通貨(つうか)／アフガニー

現国旗制定年(げんこっきせいていねん)／2004年　比率(ひりつ)／2：3

真ん中には**イスラム教**の寺院であるモスク、そのまわりを、国名を記したリボンで巻(ま)かれた小麦のリースが囲(かこ)みます。上には「アッラーのほかに神はなく、ムハンマドはアッラーの使徒(しと)なり」という言葉が記されています。黒は暗い過去(かこ)、赤は血、緑はイスラム教や平和を表します。

首都カブールはかつてのシルクロードの交易都市(こうえきとし)

特色(とくしょく)
- ▶カブールは、昔は**シルクロード**の都市として栄(さか)えていた。▶現在(げんざい)は、20年以上続(いじょうつづ)いた内戦(ないせん)のため、国土が荒(あ)れ、不安定(ふあんてい)な状態(じょうたい)が続(つづ)く。
- ▶絨毯(じゅうたん)やレーズン、羊毛などを輸出(ゆしゅつ)、石油やセメントなどを輸入(ゆにゅう)。
- ▶ラピスラズリやトルマリンなど、質のよい宝石(ほうせき)がとれる。

日本との関係(かんけい)
- ●日本は、さまざまな支援(しえん)をして復興(ふっこう)を助けている。中古のランドセルを現地の子どもに送る活動をしている**NGO**(エヌジーオー)もある。

国旗くらべ 3

白・黒・緑・赤は「アラブの色」

白・黒・緑・赤の4色の組み合わせには「アラブは一つ」という意味がこめられています。オスマン帝国に対抗した1916年の「アラブの反乱」で使われた旗が始まりです。

色の意味

アラブの色の4色には意味があります。また、それぞれの色は、昔のイスラム王朝のシンボルカラーでもありました。

アラブ統一旗

白	**イスラム教**を開いた予言者ムハンマドの、出身部族のターバンの色であり、イスラムの神を表す色です。 ムハンマドが亡くなったあとは、広大なイスラム帝国を築いたウマイヤ朝（661～750年）の旗の色になりました。
黒	予言者ムハンマドが、7年間の戦いのすえに、追われていた聖地メッカに再びもどった勝利の色です。 ムハンマドのいとこで4代目の指導者だったアリーの子孫がウマイヤ朝をほろぼし、アッバース朝（750～1258年）を築きます。その王朝の旗の色になりました。
緑	イスラムを代表する、気高い色です。 偉大な指導者アリーが身につけていたマントが緑色だったことから、北アフリカに築かれたファーティマ朝（909～1171年）が王朝の旗の色に緑を選びました。
赤	ムハンマドの戦いを勝利に導くために、神がつかわした天使の援軍の色といわれています。 ムハンマドの祖先であるハシームの血筋を受けつぐ、ハシミテ家の色です。ハシミテ家の子孫は、今のヨルダン王家といわれています。

「アラブの色」の国旗

西アジアのほかには、北アフリカにもアラブの色が使われている国旗がみられます。

西アジア

アラブ首長国連邦 / **イラク**

クウェート / **シリア** / **ヨルダン**

北アフリカ

スーダン

リビア

27

パキスタン

パキスタン・イスラム共和国
Islamic Republic of Pakistan ／ PAK

- 首都／イスラマバード
- 人口／約1億8214万人
- 面積／約79.6万km²（日本の約2倍）※カシミール地方を除く。
- おもな住民／パンジャブ系
- おもな言語／ウルドゥー語（国語）、英語（公用語）
- おもな宗教／イスラム教
- 通貨／パキスタン・ルピー

現国旗制定年／1947年　比率／2：3

三日月と星、緑は**イスラム教**のシンボルですが、月は国の進歩、星は光と知識、緑は国の発展も表しています。白い四角形は、国内では少数のイスラム教徒以外の人々を表し、国民に信じる宗教の自由を認めています。白は国の平和を願う色です。この国旗は、縦長の掲揚禁止です。

世界四大文明の一つ、インダス文明誕生の地

▶農業がおもな産業。綿花や米、小麦など。▶おもな輸出品目は綿織物や衣類。▶2014年に史上最年少でノーベル平和賞を受賞したマララ・ユスフザイさんの出身国。▶雄大で美しい景色をもつ村フンザは、アニメ映画『風の谷のナウシカ』のモデルになったといわれる。

●日本は、インダス文明の最大の遺跡であるモヘンジョ・ダロ遺跡の修復事業に協力。●日本は自動車や機械などを輸出している。

ネパール

ネパール連邦民主共和国
Federal Democratic Republic of Nepal ／ NEP

- 首都／カトマンズ
- 人口／約2780万人
- 面積／約14.7万km²（北海道の1.8倍ほど）
- おもな住民／ブラーマン族、チェットリ族など
- おもな言語／ネパール語（公用語）
- おもな宗教／ヒンドゥー教
- 通貨／ネパール・ルピー

現国旗制定年／1962年　比率／4：3

三角形が合体した、世界でただ一つの四角形ではない国旗です。この形はヒマラヤ山脈を表しています。上の月は昔、国を治めていた王、下の太陽は首相を表し、月や太陽のように国が長く栄えるようにという願いがこめられています。ふちどりの青は空、赤は国民を表します。

ヒマラヤ山脈の中央に位置するシャカ生誕の地

▶おもな産業は農業と観光業。▶ルンビニは**仏教**を開いたシャカ生誕の地として有名。▶エベレストなど8000mをこえる山の登頂のための拠点でもあり、登頂にはネパール人シェルパの存在が欠かせない。

●親日国ネパールからは、東日本大震災のときに支援物資が提供された。●日本も、2015年に死者・行方不明者8000人を出したネパールの地震のときに、救助隊や救助犬などを派遣した。

ブータン

ブータン王国
Kingdom of Bhutan ／ BHU

- ▶首都／ティンプー
- ▶人口／約75万人
- ▶面積／約3.8万km²（九州とほぼ同じ）
- ▶おもな住民／チベット系、ネパール系、東ブータン先住民
- ▶おもな言語／ゾンカ語（公用語）
- ▶おもな宗教／チベット系仏教
- ▶通貨／ニュルタム

現国旗制定年／1972年　比率／2：3

　真ん中にえがかれている竜は、国名が国の言葉で「竜の国」を意味することに由来し、王と国民を表します。竜がつかんでいる玉は、国の富と成長を表しています。黄色は王の指導力、オレンジは国民の多くが信じている**仏教**、白は国民の王に対する誠実さと忠誠心を表します。

心の豊かさを追求する「幸福の国」

- ▶豊かな自然と、伝統的な文化を守ることを大切にする仏教王国。▶おもな産業は農業（米・麦）や林業、豊かな水力をいかした水資源発電。
- ▶「最後の秘境」とよばれ、貴重な野生生物がみられる。

- ●2011年11月に東日本大震災後初の国賓として国王が来日、被災地を訪問。これにより日本人のブータンへの興味関心が高まり、ブータンを訪れる日本人観光客が急増した。

バングラデシュ

バングラデシュ人民共和国
People's Republic of Bangladesh ／ BAN

- ▶首都／ダッカ
- ▶人口／約1億5660万人
- ▶面積／約14.8万km²（日本の半分よりやや小さい）
- ▶おもな住民／ベンガル人
- ▶おもな言語／ベンガル語（公用語）、英語
- ▶おもな宗教／イスラム教
- ▶通貨／タカ

現国旗制定年／1972年　比率／3：5

　赤い円はパキスタンから独立した日の夜明けの太陽に由来し、戦いで血を流した国民をたたえる気持ちを表しています。円を左に寄せているのは、旗が風でなびいたとき円が中心にあるようにみえる工夫です。緑は**イスラム教**と、農業をささえる、豊かな国土を表します。

世界で5番目に人口密度の高い国

- ▶おもな産業は、アパレル製品（バッグ・靴・革など）の輸出と、農業（米・小麦・インド麻・茶）。▶ガンジス川の河口にあるため、雨季にはたびたび洪水が起こり、被害が出る。▶イスラム社会である。

- ●親日国である。●バングラデシュへの日本企業の進出をささえるために、首都ダッカの近くに日本専用の工業団地がつくられ、多くの企業が入居を始めている。

インド

インド
India / IND

- ▶首都／デリー
- ▶人口／約12億5214万人
- ▶面積／約328.7万km²（日本の8.7倍ほど）
  ※カシミール地方全体をふくむ。
- ▶おもな住民／インド・アーリア系
- ▶おもな言語／ヒンディー語（公用語）、英語など
- ▶おもな宗教／ヒンドゥー教、イスラム教など
- ▶通貨／インドルピー

現国旗制定年／1947年　比率／2：3

オレンジ色に似たサフラン色はヒンドゥー教、緑は**イスラム教**、白はそれ以外の宗教を表し、それぞれ勇気、平和、公正などの意味もあります。真ん中のマークは「チャクラ(法輪)」で、**仏教**のシンボルです。チャクラの24本の線は1日の時間や、終わりなき人生と進歩を表し、青は空と海の色といわれています。

どんな国？

長い歴史があり、さまざまな言語をもつ多くの民族が暮らすインド。BRICSの一員として大きな経済成長をとげ、2022年までには世界1位の人口になると予測されています。

産業　数字に強い特徴をいかし、世界のIT産業で活躍

▶伝統的産業は農業。とうもろこし・米・さとうきび・綿花などを生産。▶工業(自動車の生産)や鉱業(鉄鉱石・石炭)もさかん。▶近年、コンピューターのソフトウエア開発など、IT産業とバイオテクノロジー産業がのびている。

Martchan/Shutterstock.com
▲インドでは、ヒンドゥー教徒にとっての神聖な動物である牛が、人間と同じように町中でのんびりとくつろいでいる。

文化・歴史　さまざまな文化や宗教が入りまじる国

▶非暴力をつらぬいた独立の父ガンジーと、独立運動の指導者で初代大統領のネルーが知られている。▶一部に古い身分制度(カースト)が残っている。職業を選べないなど制約があり、近代化を妨げる原因にもなっている。▶美しいタージ・マハルや仏教の発祥の地であるブッダガヤなど、多くの世界遺産をもつ。▶インドといえばカレー。香辛料の組み合わせなどで、数えきれないほどの種類がつくられる。▶国民的娯楽は映画。歌って踊るハッピーな映画が好まれる。ハリウッドをはるかにこえる本数がつくられる。

▲ガンジス川でのヒンドゥー教徒の沐浴風景がみられるバラナシも、観光スポットとして人気が高く、多くの観光客が訪れる。

日本との関係

●トヨタやホンダ、スズキなどの自動車産業やIT産業など、多くの日系企業がインドに進出している。●2000年問題(コンピューターの誤作動問題)の前後、優秀なインド人IT技術者が多く来日し、IT企業で働くようになった。●東京都江戸川区西葛西には、約2000人のインド人が住むコミュニティーがある。

国旗こぼれ話　昔は「チャクラ」の代わりに、独立運動のシンボルである「チャルカ(糸車)」が真ん中にえがかれていました。

スリランカ

スリランカ民主社会主義共和国
Democratic Socialist Republic of Sri Lanka ／ SRI

- ▶首都／スリ・ジャヤワルダナプラ・コッテ
- ▶人口／約2127万人
- ▶面積／約6.6万km²（北海道よりやや小さい）
- ▶おもな住民／シンハラ人、タミル人
- ▶おもな言語／シンハラ語、タミル語（どちらも公用語）
- ▶おもな宗教／仏教　▶通貨／ルピー

現国旗制定年／1978年　比率／1：2

剣をもつライオンは国のシンボルです。四すみに置かれているのは菩提樹の葉で**仏教**を表します。緑とサフラン色の長方形は少数派のイスラム教徒とヒンドゥー教徒を表す色で、宗教をこえた人々の団結を意味しています。ふちどりの黄色は仏教で国と国民を守ることを表します。

セイロン・ティーで有名な「インド洋の真珠」

特色

- ▶内戦（1983～2009年）終結後、経済の立て直しをはかりつつある。
- ▶おもな輸出品である紅茶の「セイロン・ティー」は世界的に有名。
- ▶豊かな自然をもち、ポロンナルワやシギリヤなどに多くの仏教遺跡があるため、観光で訪れる人も多い。

日本との関係

●2004年のスマトラ島沖地震による津波のとき、日本は、緊急・復旧支援として医療チームを送ったり、資金協力をしたりした。

モルディブ

モルディブ共和国
Republic of Maldives ／ MDV

- ▶首都／マレ
- ▶人口／約35万人
- ▶面積／300km²（淡路島の半分ほど）
- ▶おもな住民／モルディブ人
- ▶おもな言語／ディベヒ語、英語
- ▶おもな宗教／イスラム教
- ▶通貨／モルディブルフィア

現国旗制定年／1965年　比率／2：3

三日月と緑は、**イスラム教**のシンボルです。赤はイギリスから独立するための戦いで流された血と国を愛する心、緑はイスラム教を表すとともに、平和と国の発展も表しています。緑はさらに、島々をおおうヤシの木を表すともいわれています。

インドの南西洋上にうかぶリゾート地

特色

▶1190の島々の多くは無人島だが、リゾートのための島（112）と住民が暮らす島（約200）に分かれている。▶人口の増加と温暖化による海面の上昇が原因で国土が縮小する問題をかかえる。▶海面上昇への対策として、世界最大のうき島をつくる計画が進められている。

日本との関係

●日本はモルディブから魚介類（まぐろ・かつお）を輸入。●日本とは古くから友好関係にあり、日本からの観光客も多い。

31

タイ
タイ王国
Kingdom of Thailand／THA

- 首都／バンコク
- 人口／約6701万人
- 面積／約51.3万km²（日本の1.4倍ほど）
- おもな住民／タイ系
- おもな言語／タイ語（公用語）
- おもな宗教／仏教
- 通貨／バーツ

現国旗制定年／1917年　比率／2：3

赤は国民が国のために流した血、白は**仏教**で神聖な動物とされる白い象からきており、仏教を信じることで守られている国民の誠実さ、青は国を治める王室を表します。タイは仏教がさかんであり、王室を尊敬する気持ちが強い国で、それは国旗にも表れています。タイ語で三色旗を意味する「トン・トライロング」とよばれます。

どんな国？

タイはアジア有数の近代国家で、ASEANの中心的存在です。多くの国民は仏教を信仰し、王室を愛しています。「微笑みの国」とよばれ、おだやかな国民性をもつことでも知られています。

産業　重化学工業など製造業がのびる

▶伝統的産業は農業。米の生産量は世界第6位(2014年)、輸出量は世界第2位(2013年)。ほかにパイナップルや天然ゴムなどの生産も多い。▶1980年代後半からは自動車や鉄鋼、石油化学などの重化学工業がのびる。▶物価が安く、多くの観光地をかかえるタイでは、観光業もさかん。

▲アジア有数の都市である首都バンコク。高級ホテルから安宿までが無数にたちならぶ大都会。多くの観光客がグルメやショッピング、王宮・寺院めぐりなどを楽しむために訪れる。

文化・歴史　仏教文化が日常生活に根ざす

▶東南アジアでただ一つ植民地とならなかった国。▶長い歴史をもつため、アユタヤ・スコータイにある仏教遺跡など、多くの世界遺産があり、たくさんの観光客が訪れる。▶代表的なタイ料理のトム・ヤム・クンは世界三大スープの一つに数えられる。▶2011年にはチャオプラヤー川流域で大洪水が発生。中部の工業団地やバンコクでも大きな被害が出た。▶4月におこなわれるソンクラーン（水かけ祭り）は盛大で、タイの祝日になっている。

▲タイ料理は、からみと酸味、あまみと塩味、うまみが混じり合った、とても複雑な味をもつのが特徴。料理の種類も豊富。

日本との関係

- 日本は自動車や天然ゴムを輸入。
- 16〜18世紀、アユタヤに日本人町が存在し、最盛期には町長山田長政をはじめとした日本人が2000〜3000人ほどいた。
- タイの王室と日本の皇室は、とても仲がよい。
- 15世紀の琉球王国の**中継貿易**時代をふくめると、交流の歴史は600年にもおよぶ。

国旗こぼれ話　昔は真ん中に白い象がえがかれていましたが、旗が逆にかかげられ、象が逆さまになっているのを残念に思った国王により外されました。

ミャンマー

ミャンマー連邦共和国
Republic of the Union of Myanmar ／ MYA

- ▶首都／ネーピードー
- ▶人口／約5326万人
- ▶面積／約67.7万km²（日本の1.8倍ほど）
- ▶おもな住民／ビルマ民族とその他多くの少数民族
- ▶おもな言語／ミャンマー語
- ▶おもな宗教／仏教
- ▶通貨／ミャンマー・チャット

現国旗制定年／2010年　比率／2：3

白い大きな星は、国が地理的・民族的に一つになることで永遠に続いていくという願いがこめられたシンボルです。黄色は国民の団結、緑は平和と豊かな自然環境、赤は勇気と決断力を表します。3色は歴史上の3つの王朝の色だともいわれています。

熱心な仏教徒の多い大自然におおわれた国

▶おもな産業は林業（チーク材）や農業（米・大豆）。▶豊富に産出される天然ガスは、国の最大の収入源になっている。▶民主化運動の指導者アウンサンスーチーさんが、1991年にノーベル平和賞を受賞。

●親日感情の強い国。第二次世界大戦後、東南アジアの国の中で最初に日本と平和条約を結んでくれたのがミャンマー。●日本は、民主化を進めるための経済支援など、さまざまな援助をしている。

ラオス

ラオス人民民主共和国
Lao People's Democratic Republic ／ LAO

- ▶首都／ビエンチャン
- ▶人口／約677万人
- ▶面積／約23.7万km²（本州とほぼ同じ）
- ▶おもな住民／ラオ民族とその他多くの少数民族
- ▶おもな言語／ラオ語（公用語）、フランス語、英語
- ▶おもな宗教／仏教
- ▶通貨／キープ

現国旗制定年／1975年　比率／2：3

赤は社会主義革命と独立を勝ちとるための戦いで流された、国民の血を表しています。青は国の領土と国境をこえて流れるメコン川で、国の発展を表し、白い丸はメコン川にうかぶ満月で、平和や明るい未来のほか、国民の多くが信仰している仏教を表します。

大河メコン川が流れる森の国

▶観光などのサービス業や農業が主要産業。▶古都ルアンパバーンは、町全体が世界遺産に登録され、観光地として人気がある。▶仏教国だが、フランスパンを食べるなど、フランス領だったころの文化が残る。

●メコン川にかかる「ラオス・日本大橋（パクセー橋）」は、2000年に日本の協力で開通。1万キープ札の絵柄にも取り入れられている。
●経済特区に指定された地域では、日本企業の進出が増えている。

カンボジア

カンボジア王国
Kingdom of Cambodia ／ CAM

- 首都／プノンペン
- 人口／約1514万人
- 面積／約18.1万km²（日本の半分ほど）
- おもな住民／カンボジア人（クメール人）
- おもな言語／カンボジア語（クメール語）
- おもな宗教／仏教
- 通貨／リエル

現国旗制定年／1948年（復活は1993年）　比率／2：3

真ん中にえがかれているのは世界遺産にも登録されているアンコール・ワットという仏教寺院で、国を代表する遺跡です。今のデザインになる前から国旗に使われており、国のシンボルにもなっています。青は王室、赤は政府と国民、白は多くの国民が信仰している**仏教**を表します。

熱心な仏教徒の多い国

 特色
▶メコン川周辺の稲作など、農業を営む人の割合が高い。▶観光業のほか、最近は、衣料品の輸出額がのびている。▶地雷の除去や教育制度の立て直しなど、いまだ内戦(1970〜1991年)後の課題が多い。

 日本との関係
●日本政府は、内戦後のさまざまな復興に協力している。●日本の調査団が、アンコール遺跡群の保存と修復活動を続けている。●プノンペン近郊には、日本企業向けの新しい**経済特区**がつくられている。

ベトナム

ベトナム社会主義共和国
Socialist Republic of Viet Nam ／ VIE

- 首都／ハノイ
- 人口／約9168万人
- 面積／約33.1万km²（日本よりやや小さい）
- おもな住民／ベトナム人（キン民族）と53の少数民族
- おもな言語／ベトナム語
- おもな宗教／仏教など
- 通貨／ドン

現国旗制定年／1955年　比率／2：3

星が放つ5つの光はそれぞれ労働者、農民、兵士、知識人、青年を表し、星全体でそれらの国民の団結を表しています。赤はフランスから独立するための戦いで流された国民の血、黄は革命を表します。赤や星は、**社会主義**のシンボルでもあります。「金星紅旗」ともよばれています。

古い歴史をもつ南北に細長い国

 特色
▶おもな産業は農業(米・とうもろこしなど。コーヒーは輸出用作物)。▶歴史がある国で遺跡も多く、観光業ものびている。▶米粉を使ったフォーや生春巻きなどのベトナム料理は、日本でも人気が高い。

 日本との関係
●世界遺産の町ホイアンには、日本人がつくった橋が今も残り、多くの日本人観光客が訪れる。●年々交通量の増える最大都市ホーチミンに地下鉄を整備する計画が、日本の**ODA**によって進められている。

マレーシア

マレーシア
Malaysia ／ MAS

- ▶首都／クアラルンプール
- ▶人口／約 2972 万人
- ▶面積／約 33.0 万km²（日本よりやや小さい）
- ▶おもな住民／マレー系など
- ▶おもな言語／マレー語（公用語）
- ▶おもな宗教／イスラム教
- ▶通貨／リンギット

現国旗制定年／1963年　比率／1：2

三日月と星は**イスラム教**のシンボルです。星が放つ14の光と、赤と白の14本の線は、独立したときの国を構成する首都と13の州を表しています。黄色は王室を表す色です。青・赤・白の組み合わせは、かつて支配されていたイギリスの国旗がもとになっています。

1年を通して高温多湿の常夏の国

▶さまざまな民族が、自分たちの文化を大切にし、別の宗教の他民族を尊重して生活している。▶植民地時代からゴムやすず、天然ガスの産出が豊富。▶東マレーシアのカリマンタン島には熱帯雨林が広がり、オランウータンやラフレシアなどのめずらしい動植物がみられる。

- ●日本は重要な貿易相手国(輸入相手国として第3位／2016年)。
- ●高齢者世代の海外移住先として、マレーシアはとても人気がある。

シンガポール

シンガポール共和国
Republic of Singapore ／ SIN

- ▶首都／なし（都市国家）
- ▶人口／約 541 万人
- ▶面積／716km²（東京23区と同じくらい）
- ▶おもな住民／中国系、マレー系
- ▶おもな言語／マレー語（国語）、英語（公用語）
- ▶おもな宗教／仏教、イスラム教
- ▶通貨／シンガポール・ドル

現国旗制定年／制定は1959年（復活は1965年）　比率／2：3

三日月と星は、マレー系の国民が信仰する**イスラム教**を表していましたが、中国系の国民が多くをしめる今では、月は国の発展、5つの星はそれぞれ平等・正義・進歩・平和・民主主義を表すとされています。赤は平等を願う気持ち、白は国民の誠実さと正しい心を表しています。

世界有数の自由貿易港

▶シンガポール港は**中継貿易**でめざましい発展をとげた。▶ごみを捨てると罰金を取られるなど、街の衛生や美化にとくに力を入れている。▶国のシンボルであるマーライオンや、総合リゾートホテルのマリーナベイサンズなどが観光名所として有名。

●1970年代後半、シンガポールでは、同じアジアで先に先進国となった日本を手本とした工業化が進められた。

インドネシア

インドネシア共和国
Republic of Indonesia ／ INA

- 首都／ジャカルタ
- 人口／約2億4987万人
- 面積／約191.1万km²（日本の約5倍）
- おもな住民／マレー系（ジャワなど300以上の民族）
- おもな言語／インドネシア語、英語、オランダ語
- おもな宗教／イスラム教
- 通貨／ルピア

現国旗制定年／1945年　比率／2：3

首都があるジャワ島を昔治めていた王国の旗をもとにしており、赤は勇気、白は誠実さを表します。モナコの国旗と比率以外はまったく同じデザインで、制定時にモナコから国旗を変えてほしいという要望がありましたが、国の長い歴史にもとづいた旗であることを理由に断りました。「高貴な二色旗」とよばれています。

どんな国？

赤道付近にあるインドネシアは、ASEAN（本部ジャカルタ）の中心的存在です。大小1万3000以上の島々からなり、そこで暮らす300以上もの民族が、多種多様な文化を育んでいます。

産業

伝統的産業は農業。近年、経済が急発展

- 産業は農林水産業(パーム油・ゴム・米・マンデリンなどのコーヒー豆など)や製造業(二輪車などの輸送機器)、観光業。
- 鉱産資源が豊富で石油や天然ガスも産出。
- BRICSに続く新興国として近年、注目が集まる。

▲イスラム教徒の女性たち。世界第4位の人口をかかえるインドネシアは、世界最大のイスラム教徒人口をかかえる国という顔ももつ。

文化・歴史

多民族・多言語・多宗教国家

- 多くの民族が暮らし、多様な文化を育む。
- オランダの支配や第二次世界大戦中の日本軍の占領などをへて、戦後独立。
- ジャワ島にあるボロブドゥール遺跡は、世界最大級の仏教寺院遺跡。近くにあるヒンドゥー寺院遺跡・プランバナン遺跡も観光名所。
- ろうけつ染めのバティックやかすりの織物イカット、ワヤン・クリッ(影絵芝居)、伝統楽器を使って奏でられるガムランなど豊かな文化をもつ。
- 2004年12月に起きたスマトラ島沖地震では、史上最悪といわれる津波が発生。死者22万人強を出す大災害となった。

▲バリ島は、観光地としてとても人気で、毎年多くの観光客を集める。ヒンドゥー教の寺院めぐりや、バリの伝統舞踊などが楽しめる。

日本との関係

- 日本は長い間インドネシアの経済的発展をささえてきたので、親日感情をもつ人が多いといわれている。
- 日本は重要な貿易相手国。品目は石油や天然ガス、石炭など。
- 2008年より、インドネシアから看護師・介護福祉士候補者の受け入れを実施しており、日本の福祉現場での活躍が期待される。

国旗こぼれ話　赤は動物のエネルギーである血液、白は植物のエネルギーである樹液を表すともいわれています。

フィリピン

フィリピン共和国
Republic of the Philippines ／ PHI

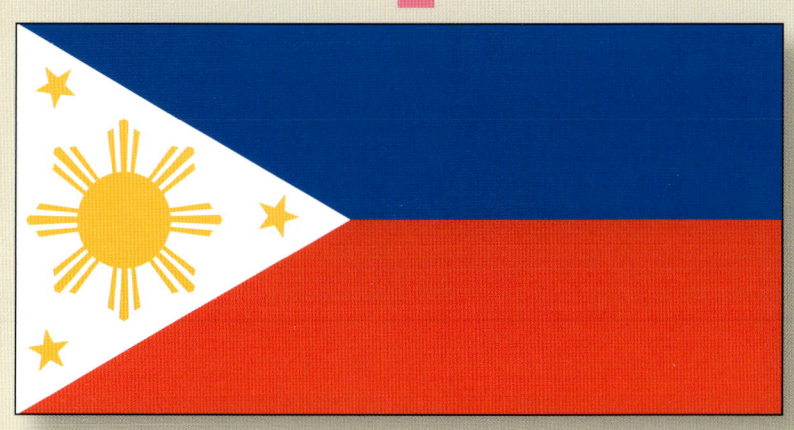

▶首都／マニラ　▶人口／約9839万人
▶面積／約30.0万km²（日本よりやや小さい）
▶おもな住民／マレー系
▶おもな言語／フィリピノ語（国語・公用語）、英語（公用語）
▶おもな宗教／キリスト教など
▶通貨／フィリピン・ペソ

現国旗制定年／1997年　比率／1：2

　三角形は自由、黄色い太陽から放たれる8本の光はスペインから独立するために立ち上がった8つの州、3個の星は国のおもな島であるルソン島・ビサヤ島・ミンダナオ島を表しています。青は高い政治の目標、赤は勇気、白は平和を表します。戦争のときには旗の青と赤を入れかえ、赤を上にしてかかげます。

どんな国？

　太平洋上にうかぶ7000をこす島々からなる島国であるフィリピンは、1年を通して気温と湿度が高いのが特徴です。アジアでただ一つのカトリックの国としても知られています。

産業　ビジネスプロセスアウトソーシング業がのびる

▶伝統的な産業は農業(米・とうもろこし・ココナッツ・さとうきび・バナナ)。工業(繊維・食料・木材製品・食品加工)もさかん。▶近年、英語ができる人材を活用したビジネスプロセスアウトソーシング産業(事務作業の引き受けやコールセンター業務など)が急激にのびている。

文化・歴史　多種多様な文化を有する国

▶300年以上におよぶスペインの支配のあと、およそ50年のアメリカ支配をへて1946年に独立。▶島ごとに自然環境が変わり、言葉も異なるため、文化が多種多様。▶ルソン島北部の古都ビガンは、スペイン情緒を残す町並みがとても美しく、町全体が世界遺産に登録されている。▶人気のあるスポーツはボクシングとバスケットボール。▶自然災害の多い国。1991年のピナツボ火山の噴火や2013年の台風30号では、多くの死傷者を出した。

▲フィリピンでもっとも一般的な移動のための乗り物といえば、ジプニー。小型の乗り合いバスで、車体がカラフル。

▲パパイヤやバナナなどのトロピカルフルーツが豊富にとれる。パイナップルは輸出品目のベスト10に入る。

日本との関係

●第二次世界大戦時、日米の戦場となったレイテ島やルソン島、ミンダナオ島では死闘がくり広げられた。●フィリピンにとって日本は重要な貿易相手国。輸出相手国として1位、輸入相手国としては2位(2016年)。●日本では、2009年からフィリピンからの看護師・介護福祉士候補者の受け入れを実施している。

国旗こぼれ話　国の南に多く住んでいるイスラム教徒に敬意を表して光を1本増やすことが決まりましたが、まだ変わっていません。

東ティモール

東ティモール民主共和国
The Democratic Republic of Timor-Leste／TLS

- 首都／ディリ
- 人口／約113万人
- 面積／約1.5万km²（岩手県と同じくらい）
- おもな住民／メラネシア系
- おもな言語／テトゥン語とポルトガル語（公用語）
- おもな宗教／キリスト教
- 通貨／アメリカ・ドル

現国旗制定年／2002年　比率／1：2

黒の三角形は国が発展するために乗りこえなければならない問題、黄色は長い間植民地支配を受け続けてきた苦しい歴史、赤は独立のための戦いで流された国民の血、白は独立で勝ちとった平和を表し、星は国が進むべき未来へ導く光で、上向きにのびてみえる角度になっています。

21世紀最初の独立国

▶2002年にインドネシアから分離独立。▶主要産業は農業で、米・ココナッツ・とうもろこしなど。近年は輸出用の作物として、コーヒー豆の栽培に力を入れている。

●日本は輸出第6位の貿易相手国(2016年)。主要援助国としては第3位(2015年)。●日本は、選挙のときの見守りなど、独立後の国づくりに関するさまざまな支援をおこなっている。

ブルネイ

ブルネイ・ダルサラーム国
Brunei Darussalam ／ BRU

- 首都／バンダルスリブガワン
- 人口／約42万人
- 面積／5765km²（三重県とほぼ同じ）
- おもな住民／マレー系など
- おもな言語／マレー語（公用語）、英語など
- おもな宗教／イスラム教
- 通貨／ブルネイ・ドル

現国旗制定年／1959年　比率／1：2

外側の手は国の平和と発展、鳥の羽にささえられた日傘と旗は王家の権力を表します。**イスラム教**の三日月には「常に神の教えに従え」という国の標語が、その下のリボンには正式な国名がアラビア語で記されています。黄色は王を讃える幸福の色、白は首相、黒は大臣を表します。

東マレーシアの片すみにある石油王国

▶鉱産資源にめぐまれた国。石油と天然ガスを豊富に産出。▶その収入から経済水準が高く、公共料金も安い。ブルネイ国民であれば、公立の病院や学校は無料。▶工業製品や食料は輸入にたよる。▶自然も豊かで、テングザルウォッチングやジャングル探検なども楽しめる。

●日本はブルネイにとって最大の貿易相手国。石油・天然ガスの輸出の4割を日本がしめる(2013年)。

「ニックネーム」がある国旗

国旗くらべ 4

日本の「日の丸」のように、旗のデザインから、別のよばれ方で国民に親しまれている国旗がたくさんあります。そんな「ニックネーム」をもつ国旗の一部を集めてみました。

アジア

日本	イスラエル	インドネシア	韓国	タイ

日章旗・日の丸	六芒星旗	高貴な二色旗	テグッキ（太極旗）	トン・トライロング

中国	トルコ	ベトナム

五星紅旗	新月旗	金星紅旗

ヨーロッパ

国旗の説明は、2巻にあります。

イギリス	イタリア	スペイン	デンマーク	フランス

ユニオンフラッグ	トリコローレ	ロヒグアルダ（血と金の旗）	ダンネブロ	トリコロール

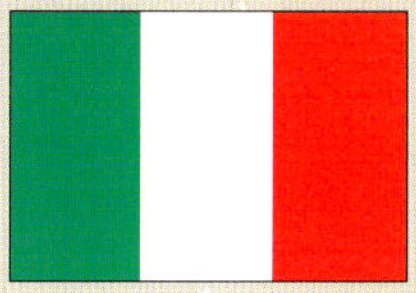

南北アメリカ

国旗の説明は、4巻にあります。

アメリカ	ガイアナ	カナダ	キューバ	セントビンセント及びグレナディーン諸島

星条旗	金鏃旗	メープルリーフ旗	孤独の星	宝石旗

※鏃は「やじり」のこと。

用語集

本文中に出てくる重要な言葉を集め、五十音順にならべて説明しています。本文では、太字になっています。

ASEAN

東南アジア諸国連合のこと。英語でAssociation of Southeast Asian Nationsといい、略してASEANとよばれています。東南アジアの国々がおたがいに協力し、地域の経済の成長や、政治・経済的な安定、地域のさまざまな問題を解決することなどをめざして、1967年に設立されました。2015年現在では、タイ・フィリピン・マレーシア・インドネシア・シンガポール・ベトナム・ラオス・ミャンマー・カンボジア・ブルネイの10か国が参加しています。

日本は、貿易や観光などの経済活動で強いつながりのあるASEANを重要なパートナーとみなし、ASEAN諸国のリーダーとの首脳会談を開いたり、経済関係をさらに強めるための協定を結んだりして、友好を深めています。

イスラム教

7世紀のはじめに、メッカでムハンマド（マホメット）がうみ出した宗教。現在、西アジアを中心として、インドネシアや北アフリカの大西洋沿岸にイスラム教を国教とする国々があります。信者は「ムスリム」とよばれ、聖典であるコーランに記された日常生活の戒律に従った生活を送っています。

イスラム暦の9月であるラマダン月に日中の飲食をひかえる「断食」、1日5回の「礼拝」（金曜日の正午にはモスクで集団でおこなう）などがよく知られています。

ぶたを汚らわしい動物とみなすことから、ぶた肉を食べないことでも知られています。

ムハンマドの死後に起きた後継者争いによって、シーア派とスンナ（スンニ）派に分裂しました。両者からさらにいくつもの分派が発生しましたが、現代のイスラム世界では、大多数がスンナ派です。

NGO

英語でNon-Governmental Organizationといい、略してNGOとよばれています。国によってつくられる組織ではなく、民間人や民間団体が、ある使命をもって、その使命を達成するためにつくる国際協力組織のことです。

たとえば、飢えに苦しむ地域の人たちが、自分たちで作物をつくることができるように支援をしたり、校舎を建てていすや机・文房具などを提供したり、日本で使わなくなったものを必要とする地域へ届けたりするなど、さまざまな活動があります。

ODA

政府開発援助のこと。英語でOfficial Development Assistance、略してODAとよばれます。発展途上国の経済発展をめざして、先進国の政府がおこなう援助のことです。

道路や病院・学校など、生活に欠かせない施設の整備、飢えや貧困に苦しむ人たちへの支援、十分な教育や医療を受けられない人々への支援など、活動内容はさまざまです。資金を提供したり、必要とされる技術を教えたりするなど、いろいろな方法があります。

日本のODAは、第二次世界大戦後、戦争中に迷惑をかけた周辺地域への戦後賠償の一つとしてスタートしたことから、今もアジア地域での活動が多いのが特徴です。

OPEC

石油輸出国機構のこと。英語でOrganization of the Petroleum Exporting Countriesといい、略してOPECとよばれます。1960年に設立され、石油の生産量や価格の調整をするなど、産油国の利益を守る役割をはたしています。

2015年現在の加盟国は、サウジアラビア・イラン・イラク・アラブ首長国連邦・クウェート・カタール・アルジェリア・ナイジェリア・リビア・インドネシア・ベネズエラの11か国です。

加工貿易

輸入した原材料を国内で加工して、製品または製品に近い状態にまで仕上げたものを輸出する貿易のことをいいます。日本や韓国など工業は発達しているものの、資源にめぐまれない国に多くみられます。

経済特区

勢いのある外国の企業をよびこむために、経済活動をおこないやすい体制を整えた特別な地域のことです。外国の優れた技術などをとり入れ、国の経済を発展させることを目的につくられます。

1979年に中国でもうけられたシェンチェン・チューハイ・スワトウ・アモイをはじめとして、現在ではタイ・バングラデシュ・フィリピン・ミャンマー・ラオス・シンガポール・カンボジアなど、さまざまな国に設置されています。

コーカサス3国

黒海とカスピ海の間に東西にのびるコーカサス山脈周辺の土地をコーカサス地方といいます。とくに南側を南コーカサス地方といい、そこに位置するアゼルバイジャン・ジョージア・アルメニアは、コーカサス3国とよばれています。元気で長生きをするお年寄りが多い地域としてもよく知られています。

自治区

国としての自立は承認されないものの、民族としての自治は認められている地域のことです。中国南西部にあるチベット族の自治区やイラク北部のクルド人の自治区、パレスチナにある自治区などが知られています。

JICA

正式には独立行政法人国際協力事業のことをいいます。2003年10月に設立されました。日本政府のおこなう活動のうち、発展途上国への国際協力をおこなうODA（政府開発援助）の部門を、JICAがすべて引き受け、実施しています。（活動の内容については、41ページのODAの説明をみてください。）

専門の知識をもつ専門家だけでなく、人の役にたつ仕事がしたいという強い意志をもつ若者や年配の人なども、青年海外協力隊・シニア海外ボランティアの一員として世界中へ送り出され、現地の人の生活の質の向上のために力をかしています。

社会主義

人々の間に貧富の差や不平等がうまれるのは、人がそれぞれ個人の財産をもつせいだと考え、私有をやめたり制限したりすることで、平等な社会をつくろうとする社会体制のことをいいます。公平に仕事に取り組み、計画的に生産し、また、そこからうまれた利益も平等に分けるというのが基本の考え方です。

本人の能力や取り組みが個人の収入を左右する資本主義とは、正反対の体制です。

シルクロード

洛陽・長安など中国の都市から、アジア中央部を通り、西アジア・ローマなど西方の地域とを結んだ古代の東西交通路のことで、「絹の道」ともいいます。砂漠のとちゅう、水や木々のある場所はオアシスとよばれ、そこに多くのオアシス都市がつくられて、発展しました。オアシス都市には、敦煌やトルファン（中国）、サマルカンド（ウズベキスタン）、バグダッド（イラク）などがあります。

東から西へは中国の絹織物、インドの香料・綿布などが、西から東へは金貨・ガラス製品・毛織物などの品物が送られました。品物だけでなく、宗教や芸術が伝わるなど、文化的交流をはたす役割もして

いたといわれます。
　10世紀中国の唐がほろびると、シルクロードはだんだんとすたれてゆき、やがて交易の中心は海上ルートへとうつっていきました。

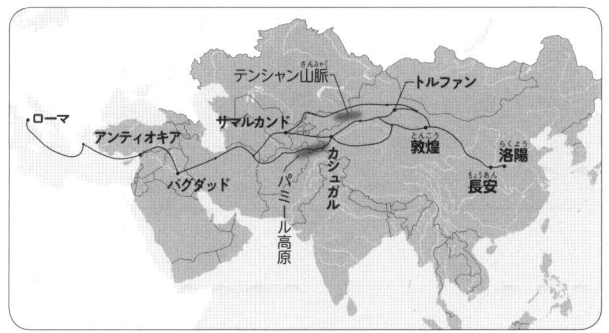

シルクロードの地図。2014年、中国の長安（現在は西安）や洛陽から敦煌をへて中央アジアに向かうルートは、世界遺産に登録された。

中継貿易

　一度輸入した商品をその国の国内では売らずに、ほかの国へ再び輸出する形式の貿易をいいます。別の国を経由させたほうが関税が安くなるなどの理由でおこなわれます。
　中継貿易に向いている港は、たくさんの貨物の集まる国際的な交通の要所にあること、関税のかからない自由貿易港などです。おもな中継貿易港には、ホンコンやシンガポールがあります。

難民

　一般的には、戦争や災害などのため、もしくは政治的・宗教的迫害などからのがれるため、もともと暮らしていた地をはなれなければならなくなった人々のことをいいます。イスラエル建国時には土地を追われたパレスチナ人が、1990年代のソマリアの内戦では多くのソマリア人が、難民となりました。
　2015年現在、シリアではげしい戦闘が起こり、命の危険を感じたため、多くのシリア人が国をあとにしてヨーロッパに大量にのがれています。このシリア難民の受け入れは、今や世界的な課題といえます。
　日本は、人道支援活動をおこなっている国際機関へお金を提供したり、NGOによる難民支援活動に力を入れて、紛争地域で食料や医療品を提供したりするなどの国際貢献をしています。
　日本国内においても、難民として認めてもらうための申請をする外国人の数は近年急激に増えています。しかし、実際に難民と認められる人の数はとても少ないのが現状です。

仏教

　紀元前5世紀から6世紀に、シャカが開いた宗教。キリスト教・イスラム教とともに、世界三大宗教の一つに数えられます。人につきもののなやみや苦しみとはいったい何か、そこから解放されて幸せに生きるためにはどうしたらよいのか、その方法を導くのが仏教です。
　インド北部におこり、そこからアジア各地に広まりました。日本に仏教が伝来したのは、538年（一説には552年）といわれています。
　今日、スリランカ・ミャンマー・タイ・カンボジアなどが熱心な仏教国として知られています。

BRICS

　有力新興国とされるブラジル（Brazil）、ロシア（Russia）、インド（India）、中国（China）、それに南アフリカ（South Africa）の頭文字をつなげた言葉です。
　世界の人口のおよそ4割、国土面積のおよそ3割をしめるうえ、鉱産資源にもめぐまれ、経済的な発展がめざましいことなどが特徴です。
　BRICSの台頭により、今までアメリカやヨーロッパ主導だった世界の勢力図が変わりつつあるといわれています。

さくいん

この本に出てくるキーワードを集めました。数字は、その言葉が出てくるページです。

あ

- ASEAN（アセアン）……………………… 32,36,41
- アラブの色 ……………………… 11,19,20,24,27
- アラル海 ……………………………………… 2,13
- イスラム教 ……… 6,12,13,14,15,16,17,18,19,20,21,22,24,25,26,27,28,29,30,31,35,36,38,41
- インダス文明 ……………………………………… 28
- 陰陽（いんよう）……………………………………… 8,10
- NGO（エヌジーオー）……………………………… 26,41
- ODA（オーディーエー）…………………………… 34,41
- OPEC（オペック）………………………………… 22,24,41
- オリンピック ……………………………… 5,7,9,10

か

- 加工貿易（かこうぼうえき）………………………… 4,8,42
- カスピ海 …………………………………… 2,14,15
- かんがい …………………………………………… 12,14
- 共産主義（きょうさんしゅぎ）……………………………… 6
- キリスト教 ……… 6,8,10,15,16,17,37,38
- 金 …………………………………………… 6,10,12,13
- 経済特区（けいざいとっく）…………………… 6,33,34,42
- 黄河文明（こうがぶんめい）………………………………… 7
- コーカサス3国 ……………………………… 14,42
- 米 ……… 4,6,8,28,29,30,32,33,34,36,37,38

さ

- 自治区（じちく）……………………………………… 11,42
- 自動車 ……… 4,6,8,12,17,20,21,24,25,28,30,32
- JICA（ジャイカ）……………………………………… 13,42
- 社会主義（しゃかいしゅぎ）……………………… 10,33,34,42
- 絨毯（じゅうたん）…………………………………… 13,14,26
- 主要援助国（しゅようえんじょこく）……………… 12,14,25,38
- 少数民族（しょうすうみんぞく）……………………… 6,33,34
- 植民地（しょくみんち）………………………… 19,32,35,38

た

- シルクロード …………………… 12,13,14,26,42
- 石油 ……… 4,6,8,12,13,14,19,20,21,22,24,25,26,36,38
- 茶（紅茶）（こうちゃ）……………………………… 29,31
- 中継貿易（ちゅうけいぼうえき）…………………… 17,32,35,43
- 中東（ちゅうとう）………………………………… 4,21,24

な

- 内戦（ないせん）…………………… 11,17,19,26,31,34
- ナツメヤシ ………………………………… 22,25
- 難民（なんみん）……………………………………… 19,43
- ノーベル賞（しょう）…………………………… 28,33

は

- バナナ ……………………………………………… 37
- パミール …………………………………………… 2,13
- 東日本大震災（ひがしにほんだいしんさい）…… 5,16,20,28,29
- ヒマラヤ山脈（さんみゃく）……………………… 2,28
- 仏教（ぶっきょう）……… 4,6,8,10,28,29,30,31,32,33,34,35,36,43
- BRICS（ブリックス）…………………………… 30,36,43
- ペルシャ湾（わん）………………………………… 2,21,24
- 牧畜（ぼくちく）………………………… 10,12,13,15,16

ま

- メコン川 …………………………………… 3,33,34
- メソポタミア文明 ……………………………… 20

やらわ

- 遊牧（ゆうぼく）……………………………… 10,12,22,24
- ワイン ……………………………………… 13,14,15,16

全巻さくいん

1巻～4巻に出てくる国を集めました。**1**～**4**の数字は巻数、それに続く数字はページです。

あ

- アイスランド……………………**2** 2, 6, 9, 40
- アイルランド……………………**2** 2, 6, 19, 39, 40
- アゼルバイジャン………………**1** 2, 14, 18, 40 **2** 27
- アフガニスタン……………………**1** 2, 26, 40
- アメリカ……………………**1** 39 **4** 3, 4, 40
- アラブ首長国連邦………………**1** 2, 24, 27, 40
- アルジェリア……………………**3** 2, 7, 9, 40
- アルゼンチン……………………**4** 3, 27, 40
- アルバニア…………………**2** 2, 37, 39, 40 **4** 19
- アルメニア………………………**1** 2, 15, 40 **2** 27
- アンゴラ…………………………**3** 2, 23, 40
- アンティグア・バーブーダ………**4** 3, 15, 40
- アンドラ……………………**2** 2, 19, 29, 40
- イエメン…………………………**1** 2, 25, 40
- イギリス…………**1** 39 **2** 2, 4, 9, 39, 40 **4** 39
- イスラエル………………**1** 2, 11, 17, 39, 40
- イタリア………………**1** 39 **2** 2, 19, 30, 39, 40
- イラク…………………………**1** 2, 20, 27, 40
- イラン……………………………**1** 2, 26, 40
- インド……………………………**1** 2, 30, 40
- インドネシア……………………**1** 3, 36, 39, 40
- ウガンダ………………………**3** 2, 34, 40 **4** 19
- ウクライナ……………………**2** 2, 24, 27, 34, 40
- ウズベキスタン……………**1** 2, 13, 18, 40 **2** 27
- ウルグアイ………………………**4** 3, 26, 40
- エクアドル……………………**4** 3, 19, 22, 40
- エジプト……………………**3** 2, 4, 40 **4** 19
- エストニア…………………**2** 2, 10, 19, 27, 39, 40
- エチオピア……………………**3** 2, 18, 28, 35, 40
- エリトリア………………………**3** 2, 35, 40
- エルサルバドル…………………**4** 3, 10, 40
- オーストラリア…………………**4** 2, 34, 39, 40
- オーストリア……………………**2** 2, 15, 39, 40
- オマーン…………………………**1** 2, 25, 40
- オランダ……………………**2** 2, 14, 19, 39, 40

か

- ガーナ……………………………**3** 2, 15, 18, 28, 40
- カーボベルデ……………………**3** 2, 10, 40
- ガイアナ……………………**1** 39 **4** 3, 21, 40
- カザフスタン……………**1** 2, 12, 40 **2** 27 **4** 19
- カタール…………………………**1** 2, 21, 40
- カナダ………………………**1** 39 **4** 3, 6, 40
- ガボン……………………………**3** 2, 21, 40
- カメルーン……………………**3** 2, 18, 20, 28, 40
- ガンビア…………………………**3** 2, 12, 40
- 韓国………………………………**1** 3, 8, 39, 40
- カンボジア………………………**1** 3, 34, 40
- 北朝鮮……………………………**1** 3, 10, 40
- ギニア……………………………**3** 2, 13, 18, 40
- ギニアビサウ……………………**3** 2, 12, 18, 28, 40
- キプロス……………………**1** 2, 16, 40 **2** 39 **3** 39
- キューバ……………………**1** 39 **4** 3, 12, 40
- ギリシャ……………………**2** 2, 9, 26, 39, 40
- キリバス…………………………**4** 2, 19, 32, 40
- キルギス………………………**1** 2, 12, 40 **2** 27
- グアテマラ………………………**4** 3, 9, 19, 40
- クウェート………………………**1** 2, 20, 27, 40
- クック諸島………………………**4** 3, 37, 39, 40
- グレナダ…………………………**4** 3, 17, 40
- クロアチア……………………**2** 2, 19, 33, 34, 38, 39, 40
- ケニア……………………………**3** 2, 32, 40
- コートジボワール………………**3** 2, 14, 40
- コスタリカ………………………**4** 3, 11, 40
- コソボ……………………………**2** 2, 36, 38, 40
- コモロ……………………………**3** 3, 9, 37, 40
- コロンビア………………………**4** 3, 20, 40
- コンゴ共和国……………………**3** 2, 18, 22, 40
- コンゴ民主共和国 ………………**3** 2, 22, 28, 40

さ

- サウジアラビア…………………**1** 2, 18, 22, 40

45

サモア	[4] 2, 36, 39, 40
サントメ・プリンシペ	[3] 2, 18, 20, 40
ザンビア	[3] 2, 18, 27, 40 [4] 19
サンマリノ	[2] 2, 32, 40
シエラレオネ	[3] 2, 13, 40
ジブチ	[3] 3, 28, 36, 40
ジャマイカ	[4] 3, 13, 40
ジョージア	[1] 2, 15, 40 [2] 9, 27
シリア	[1] 2, 19, 27, 40
シンガポール	[1] 3, 18, 35, 40
ジンバブエ	[3] 2, 18, 28, 29, 40 [4] 19
スーダン	[1] 27 [3] 2, 6, 9, 40
スイス	[2] 2, 9, 18, 40
スウェーデン	[2] 2, 8, 9, 39, 40
スペイン	[1] 39 [2] 2, 28, 39, 40
スリナム	[4] 3, 21, 40
スリランカ	[1] 2, 31, 40
スロバキア	[2] 2, 19, 21, 34, 39, 40
スロベニア	[2] 2, 19, 33, 34, 38, 39, 40
スワジランド	[3] 2, 26, 40
セーシェル	[3] 3, 18, 38, 40
赤道ギニア	[3] 2, 21, 40
セネガル	[3] 2, 11, 18, 28, 40
セルビア	[2] 2, 19, 34, 36, 38, 39, 40 [4] 19
セントクリストファー・ネービス	[4] 3, 15, 40
セントビンセント及びグレナディーン諸島	[1] 39 [4] 3, 17, 40
セントルシア	[4] 3, 16, 40
ソマリア	[3] 3, 28, 36, 39, 40
ソロモン諸島	[4] 2, 30, 39, 40

た

タイ	[1] 3, 32, 39, 40
台湾	[1] 11
タジキスタン	[1] 2, 13, 40 [2] 27
タンザニア	[3] 2, 30, 40
チェコ	[2] 2, 20, 34, 39, 40
チャド	[3] 2, 19, 40
中央アフリカ	[3] 2, 18, 19, 28, 40

中国	[1] 3, 6, 11, 39, 40
チュニジア	[3] 2, 7, 9, 40
チリ	[4] 3, 26, 40
ツバル	[4] 2, 32, 39, 40
デンマーク	[1] 39 [2] 2, 7, 9, 39, 40
トーゴ	[3] 2, 16, 18, 28, 40
ドイツ	[2] 2, 12, 19, 39, 40
ドミニカ共和国	[2] 9 [4] 3, 14, 40
ドミニカ国	[2] 9 [4] 3, 16, 19, 40
トリニダード・トバゴ	[4] 3, 18, 40
トルクメニスタン	[1] 2, 14, 18, 40 [2] 27
トルコ	[1] 2, 16, 18, 39, 40 [2] 39
トンガ	[2] 9 [4] 2, 36, 40

な

ナイジェリア	[3] 2, 17, 40
ナウル	[4] 2, 31, 40
ナミビア	[3] 2, 23, 40
ニウエ	[4] 2, 37, 39, 40
ニカラグア	[4] 3, 11, 40
ニジェール	[3] 2, 17, 40
日本	[1] 3, 4, 39, 40
ニュージーランド	[4] 2, 38, 39, 40
ネパール	[1] 2, 28, 40
ノルウェー	[2] 2, 7, 9, 40

は

バーレーン	[1] 2, 21, 40
ハイチ	[4] 3, 14, 40
パキスタン	[1] 2, 18, 28, 40
バチカン	[2] 2, 32, 40
パナマ	[4] 3, 12, 40
バヌアツ	[4] 2, 33, 40
バハマ	[4] 3, 13, 40
パプアニューギニア	[4] 2, 19, 30, 39, 40
パラオ	[4] 2, 29, 40
パラグアイ	[4] 3, 23, 40
バルバドス	[4] 3, 18, 40
パレスチナ自治区	[1] 11

ハンガリー	②2,19,21,39,40
バングラデシュ	①2,18,29,40
東ティモール	①3,38,40
ブータン	①2,29,40
フィジー	④2,19,33,39,40
フィリピン	①3,37,40
フィンランド	②2,8,9,39,40
ブラジル	④3,24,40
フランス	①39 ②2,16,19,39,40
ブルガリア	②2,19,26,34,39,40
ブルキナファソ	③2,15,18,28,40
ブルネイ	①3,38,40
ブルンジ	③2,28,31,40
ベトナム	①3,34,39,40
ベナン	③2,16,18,40
ベネズエラ	④3,20,40
ベラルーシ	②2,24,27,34,40
ベリーズ	④3,9,40
ペルー	④3,22,40
ベルギー	②2,11,19,39,40
ポーランド	②2,20,34,39,40
ボスニア・ヘルツェゴビナ	②2,34,35,38,40
ボツワナ	③2,27,40
ボリビア	④3,19,23,40
ポルトガル	②2,28,39,40
ホンジュラス	④3,10,40

ま

マーシャル諸島	④2,31,40
マケドニア	②2,34,37,38,39,40
マダガスカル	③3,37,40
マラウイ	③2,30,40
マリ	③2,11,18,40
マルタ	②2,29,39,40
マレーシア	①3,18,35,40
ミクロネシア	③39 ④2,29,39,40
南アフリカ	③2,18,24,40
南スーダン	③2,34,39,40
ミャンマー	①3,33,40

メキシコ	④3,8,19,40
モーリシャス	③3,18,38,40
モーリタニア	③2,9,10,40
モザンビーク	③2,18,29,40
モナコ	②2,18,40
モルディブ	①2,18,31,40
モルドバ	②2,19,25,27,40 ④19
モロッコ	③2,8,9,40
モンゴル	①3,10,40
モンテネグロ	②2,34,35,38,39,40 ④19

や

ヨルダン	①2,19,27,40

ら

ラオス	①3,33,40
ラトビア	②2,10,27,39,40
リトアニア	②2,11,19,27,39,40
リビア	①27 ③2,6,9,40
リヒテンシュタイン	②2,15,40
リベリア	③2,14,28,40
ルーマニア	②2,19,25,39,40
ルクセンブルク	②2,14,19,39,40
ルワンダ	③2,31,40
レソト	③2,26,40
レバノン	①2,17,40
ロシア	②3,19,22,27,34,40

47

監修

松田　博康
（まつだ　ひろやす）

1947年埼玉県生まれ。東京学芸大学卒業後、都内の公立小学校教諭、教頭を経て1991年板橋区立蓮根第二小学校長、1994年板橋区立志村小学校長、1999年中央区立日本橋小学校長、2004年中央区立佃島小学校長。2004年より、全国小学校社会科研究協議会会長、東京都小学校社会科研究会会長を歴任。その後、2013年まで兵庫教育大学客員教授、2015年まで玉川大学客員教授。

- ●特別協力　　　　前島勝憲（平凡社地図出版）
- ●装丁・デザイン　倉科明敏（T.デザイン室）
- ●レイアウト　　　篠原真弓
- ●企画・編集　　　西塔香絵、渡部のり子、小嶋英俊（小峰書店）
　　　　　　　　　小林伸子、太田美枝（ミエズオフィス）

●おもな参考資料

『世界の国旗と国章大図鑑』（苅安望編著 平凡社）
『世界の国旗ビジュアル大事典 第2版』（吹浦忠正著 学研）
『ブリタニカ国際大百科事典』（ブリタニカ・ジャパン）
『図説 国旗の世界史』（辻原康夫著 河出書房新社）
『世界年鑑 2015』（共同通信社）
『世界国勢図会 2015／16』（矢野恒太記念会）
『データブック オブ・ザ・ワールド 2015』（二宮書店）
外務省ホームページ　http://www.mofa.go.jp/mofaj/
総務省統計局　http://www.stat.go.jp/
World Health Organization　http://www.who.int/en/
Flags of The World　http://www.crwflags.com/fotw/flags/
タディの国旗の世界　http://www.worldflags.jp/
日本ユネスコ協会連盟　http://www.unesco.or.jp/
各国政府観光局ホームページ

●写真協力

iStockphoto／インドネシア共和国観光省／LGエレクトロニクス・ジャパン株式会社／株式会社ササクラ／韓国観光公社／サムスン重工業株式会社／Shutterstock／タイ国政府観光庁／千葉市美術館／トヨタ自動車株式会社／ハイアールジャパンセールス株式会社／Pixabay／PIXTA／株式会社ファーストリテイリング／フォトAC／photolibrary

世界の国旗大図鑑　アジア

2016年4月5日　第1刷発行　　2018年2月20日　第2刷発行

監修者／松田博康
発行者／小峰紀雄
発行所／株式会社小峰書店
　　　〒162-0066　東京都新宿区市谷台町4-15
　　　TEL 03-3357-3521　FAX 03-3357-1027
　　　http://www.komineshoten.co.jp/
印刷／株式会社三秀舎
製本／小髙製本工業株式会社

©Komineshoten 2016 Printed in Japan　NDC 288.9　47p　29×23cm　ISBN 978-4-338-30401-6

乱丁・落丁本はお取り替えいたします。本書のコピー、スキャン、デジタル化等の無断複製は著作権法上での例外を除き禁じられています。本書を代行業者等の第三者に依頼してスキャンやデジタル化することは、たとえ個人や家庭内の利用であっても一切認められておりません。

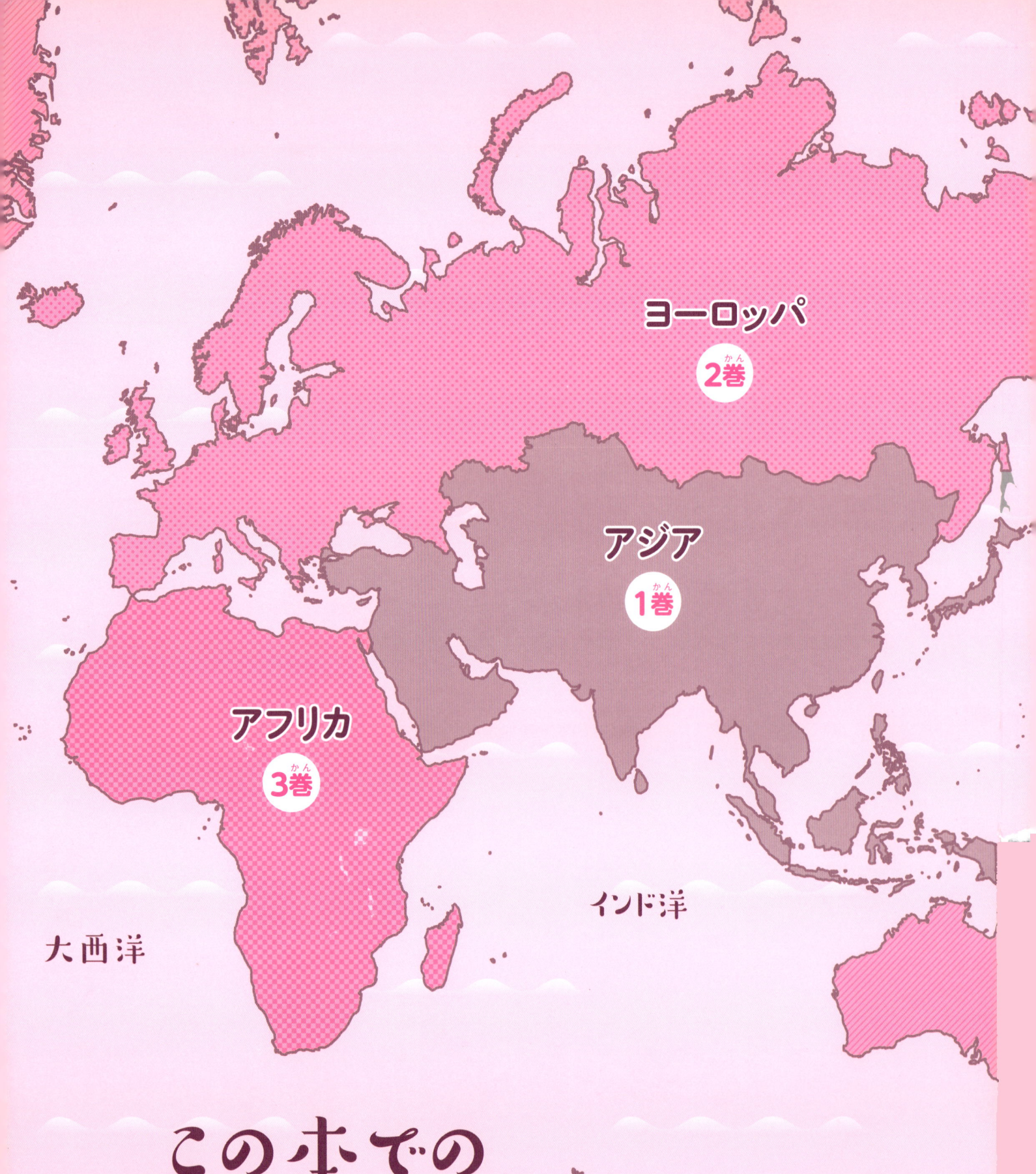